Ne crains pas que
ta vie prenne fin
un jour mais plutôt
qu'elle n'ait jamais
commencé

Laurence Luyé-Tanet

Ne crains pas que ta vie prenne fin un jour mais plutôt qu'elle n'ait jamais commencé

DUNOD

Couverture :
www.atelier-du-livre.fr (Caroline Joubert)
Illustration :
nadiiaz-fotolia.com
Création maquette intérieure :
PCA
Illustrations :
nadiiaz-fotolia.com,
krasky-fotolia.com,
Alfmaler-fotolia.com,
lexver-fotolia.com

11 rue Paul Bert, 92240 Malakoff
www.dunod.com
ISBN 978-2-10-076199-9

Au début de tout, il y a un rêve, il y a un désir…

Je voudrais vous poser une question : *Si nous cessions tous de claquer la porte au nez de notre vie, qu'arriverait-il ? Et si vous cessiez, vous, de claquer la porte au nez de votre vie ?*

Je n'ai pas eu envie de faire « un livre de plus », mais de vous transmettre toutes les clés pour que vous ne passiez pas à côté de votre vie. J'ai passé trop de temps à côté de la mienne, alors aujourd'hui je réponds à ma vocation, celle de vous accompagner dans la réussite de votre vie.

Je n'ai rien inventé, j'ai écrit ce livre à partir de mon expérience et de ce que je sais. Au départ, c'est le yoga et le monde de la spiritualité qui m'animaient. Puis j'ai plongé dans ma formation de psychologie et étudié la psychopathologie. J'ai mis de côté certains aspects qui m'étaient chers. Personne ne me le demandait, mais ma manière d'appréhender les choses à l'époque était un peu tranchée et surtout j'avais à cœur d'obéir à certaines de mes croyances. Elles entraient en contradiction avec ce que j'étais, avec ce à quoi j'aspirais, mais pour « être comme il faut », je m'obstinais à suivre une voie « scientifique ». Jusqu'à ce qu'un jour, j'arrive à une certaine forme d'épuisement qui m'a fait envisager de tout abandonner professionnellement.

J'ai rencontré des blocages dans ma vie professionnelle et j'ai aussi eu des moments où ce que je souhaitais au plus profond de moi s'est réalisé. Pourquoi cela fonctionnait à certains moments et pas à d'autres ?

Je me suis interrogée sur la question plus avant car je voulais savoir ce qui était reproductible ou non et comment. Je me suis donc penchée sur ces dynamiques qui sont celles de la réussite et de la motivation. C'est devenu une véritable passion en termes de recherche sur le plan du fonctionnement mental et énergétique et de l'impact dans notre vie. Grâce à des programmes que j'ai suivis aux États-Unis et au Canada, j'ai pu avancer dans mon questionnement. J'ai appris à réajuster certains points de vue pour aller dans le sens de ce à quoi j'aspirais vraiment. J'ai appris à appliquer correctement ce que je savais déjà. J'ai réajusté mon rapport au monde de la spiritualité pour lui donner la place qu'elle a toujours eue dans ma vie. Le changement a été rapide à partir de là et je me suis sentie en accord avec moi.

POUR VOUS AUSSI,
CE CHANGEMENT PEUT ÊTRE RAPIDE
SI VOUS CESSEZ DE CLAQUER LA PORTE
AU NEZ DE VOTRE VIE.

« Ne crains pas que ta vie prenne fin un jour mais plutôt qu'elle n'ait jamais commencé. »

John Newman[1]

D'aucuns diront que la vie est courte ; elle est surtout incertaine !

EN TOUTE LOGIQUE NOTRE VIE SEMBLE COMMENCER À NOTRE NAISSANCE, MAIS EST-CE SI SÛR ? QU'EST-CE QUI NOUS REND VIVANTS ?

Nous sommes tous des traders. Toute la question est de savoir contre quoi nous échangeons notre vie !

1. John Henry Newman, philosophe, romancier, théologien anglais du XIXe siècle – citation tirée de son roman *La perte et le gain* (1848).

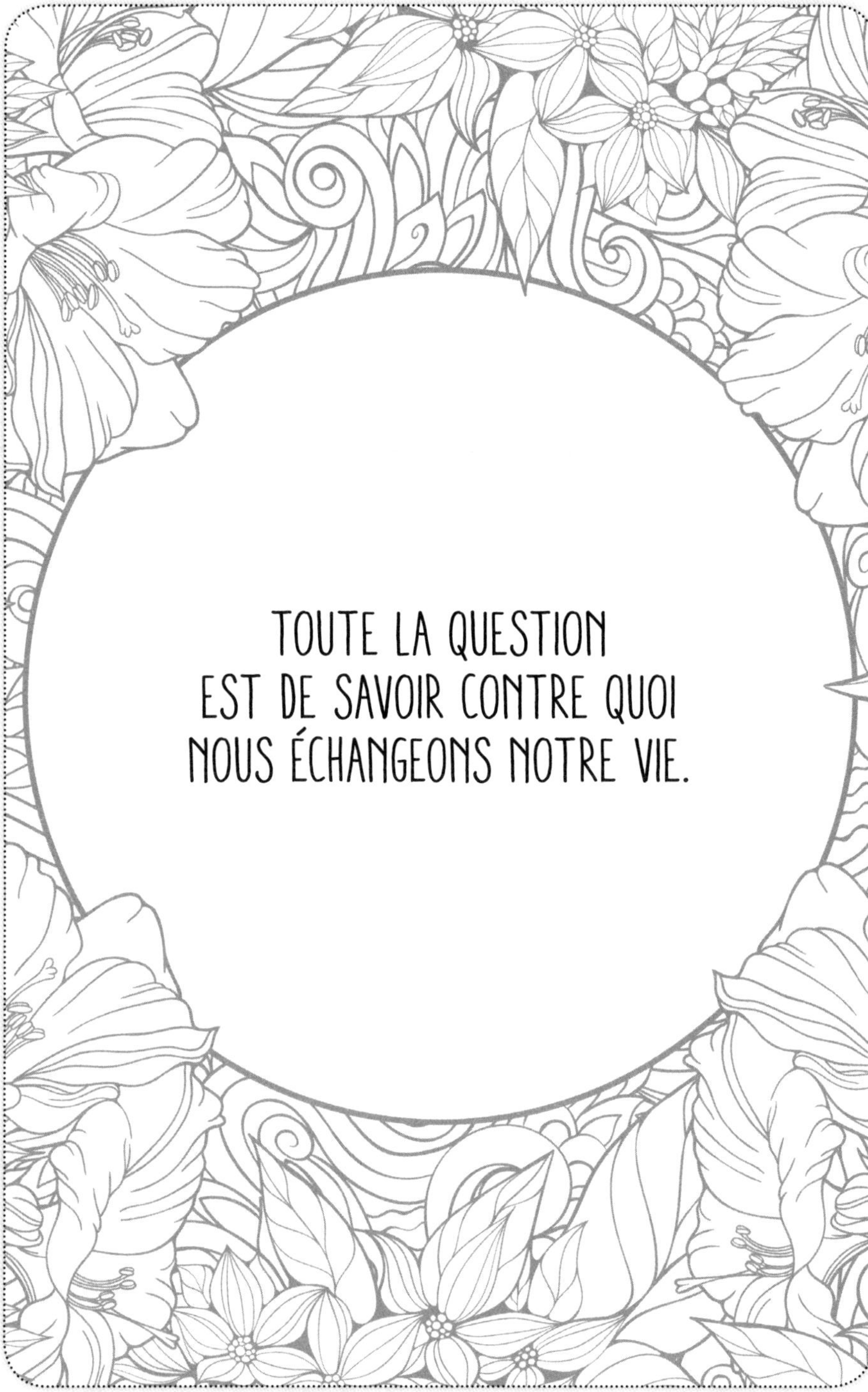

TOUTE LA QUESTION
EST DE SAVOIR CONTRE QUOI
NOUS ÉCHANGEONS NOTRE VIE.

La réussite et le succès. Qu'évoquent ces mots pour vous ? Pour certains, de ce côté-ci de l'Atlantique, réussir et avoir du succès est assez mal vu. Et pourtant…

Ne vous êtes-vous jamais demandé pourquoi les émissions de télé-réalité ont autant de succès ? Elles offrent du rêve à leurs candidats et elles offrent du rêve aux téléspectateurs. Et ce rêve est fondé sur quelque chose que nous avons tous : un désir de réussir, le désir d'être heureux. Non seulement nous l'avons tous, mais il est le fondement de toute vie.

N'avez-vous pas rêvé un jour qu'une fée, d'un coup de baguette magique, transforme votre vie et que vous ayez la vie dont vous rêvez ? Savez-vous que les études en psychologie positive montrent que le facteur rêve, dans le sens d'avoir des rêves qui sont notre moteur, est une des composantes essentielles du bonheur ?

Est-ce qu'il n'y a pas des domaines de votre vie que vous voudriez transformer pour qu'ils soient conformes à vos rêves, à vos désirs les plus profonds, mais vous ne savez pas comment faire ?

Avez-vous l'impression que votre vie est remplie d'insatisfactions, de rêves qui ne se réalisent pas ?

Vous aspirez à une vie meilleure, plus épanouie et épanouissante, mais vous ne savez pas ce que vous voulez ?

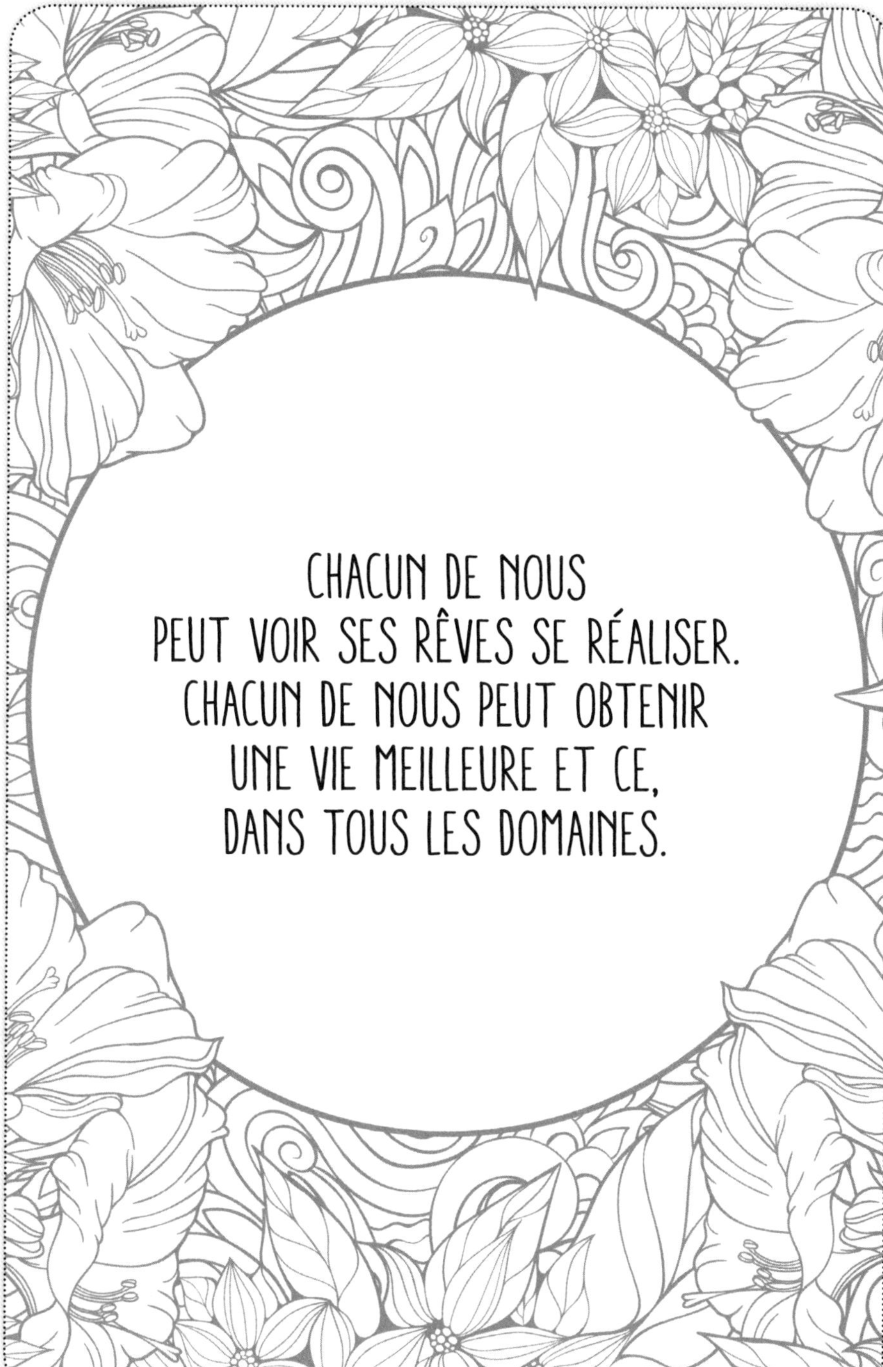

CHACUN DE NOUS
PEUT VOIR SES RÊVES SE RÉALISER.
CHACUN DE NOUS PEUT OBTENIR
UNE VIE MEILLEURE ET CE,
DANS TOUS LES DOMAINES.

Apprendre à regarder dans la bonne direction, sortir de sa zone de confort, sentir enthousiasme et dynamisme dans sa vie, avoir une vie où chaque domaine s'équilibre, c'est possible.

C'est parce que pendant longtemps je n'ai pas cru à mes rêves, parce que je regardais dans la direction opposée et que l'insatisfaction allait grandissante qu'aujourd'hui j'écris ce livre, une sorte de manuel du Savoir Vivre.

J'ai appris à utiliser mon potentiel, j'ai appris à penser correctement, j'ai appris à danser avec l'Univers et ma vie a changé. Elle a changé rapidement. Non seulement ma vie a changé, mais aussi celle des personnes que j'accompagne. Alors pourquoi pas la vôtre ?

J'imagine déjà que pour certains cela va sembler insurmontable, trop compliqué. Rassurez-vous, il n'y a rien de difficile. Il vous faut juste comprendre certaines choses et repositionner votre manière de voir et de penser.

Beaucoup de personnes sont dans la vie, mais elles ne sont pas « vivantes ». J'ai fait partie de ces personnes qui vivaient leur vie « par défaut ». J'ai travaillé pour un centre de soins aux toxicomanes, j'ai accompagné des clients qui, à un moment de leur vie, ont connu l'enfer de la drogue. Nous avons énormément travaillé autour du moment où ils ont basculé, sur ce qu'ils compensaient, ce qu'ils recherchaient. J'ai toujours compris et ressenti ce qui se passait en eux au fond de moi parce que je l'ai vécu à un certain niveau. Je n'ai jamais fait usage de stupéfiants, même pas fumé un joint. Je n'en avais pas besoin parce que, pendant des années, je n'étais pas là. « Je planais » comme on dit. Cela a commencé toute jeune. J'avais la capacité à me « barrer » de mon corps et ce qui peut paraître étrange, c'est qu'en même temps j'étais extrêmement incarnée et que, cela, je le devais à la pratique du sport que je faisais. Le mouvement, le sport, m'était vital. Je compris plus tard que c'était mon amarre à la terre. J'avais trouvé un équilibre entre le monde spirituel et le monde matériel. C'était comme s'il y avait deux « parties » en moi. Une qui était là et une autre, pas là. « Dans cet absentéisme de mon corps », je vivais très bien ma grande sensibilité et mon côté médiumnique qui me furent d'une aide précieuse. En revanche, le côté moins plaisant était cette vie par défaut qui me faisait également me connecter sur des champs beaucoup moins agréables, que l'on apparenterait en psychologie jungienne à des parties de l'inconscient collectif. Et cela, je n'en avais pas conscience car je le « ramenais » dans la matière sur le mode émotionnel.

J'ai « appris » les lois spirituelles dans ma pratique de yoga pendant des années, sans pour autant les mettre en application vraiment car, comme la plupart d'entre nous, je vivais toujours dans la séparation de la matière et du spirituel. Je me suis réveillée, en quelque sorte, lorsque j'ai reconnecté la matière et le spirituel. C'est-à-dire lorsque j'ai intégré concrètement dans ma vie les lois spirituelles, quand, ce qui peut paraître paradoxal, je me suis incarnée. Non seulement je me suis réveillée, mais c'est devenu une passion que j'approfondie et que je transmets, en particulier dans le domaine professionnel.

On parle de plus en plus du lien corps-esprit notamment au niveau de la santé, mais on reste encore dans la séparation du matériel et du spirituel. Dans ce livre, c'est du spirituel dont je vais vous parler. Le spirituel n'est pas la religion, ça n'est pas une force extérieure à vous, ça n'est pas un grand bonhomme barbu assis sur un nuage, ça n'est pas un concept ésotérique… Le domaine spirituel commence avec les lois de l'esprit. Le spirituel est en vous, il n'est pas hors de vous, il n'a pas besoin de la religion. Il est le fondement de la réussite et du changement. Le spirituel est le fondement du bonheur. Le spirituel est le fondement de la matière.

Ce livre est comme un scan qui vous permet de vous relier à vos rêves, à vos aspirations les plus profondes, qui zooment sur les fenêtres à ouvrir en vous pour aller vers les changements que vous désirez. Des exercices accompagnent certains chapitres pour vous permettre de poser les fondations de votre chemin vers le bonheur et la réussite de votre vie.

Où est passé votre rêve ?

« Je rêve que mes quatre petits-enfants vivront un jour dans une nation où ils ne seront pas jugés sur la couleur de leur peau, mais sur la valeur de leur caractère. Je fais aujourd'hui un rêve ! »

Extrait du discours de Martin Luther King, le 18 août 1963

Je suis certaine qu'un jour, vous avez eu un rêve. Où est-il ? Qu'en est-il advenu ? L'avez-vous réalisé ? Sûrement pas si vous avez ce livre entre les mains.

En fait, vous vous êtes éloigné… de votre âme, de votre source… de votre être… de votre mission… appelez cela comme vous voulez, mais je dirais que vous vous êtes perdu en cours de route. Comme dans le conte du Petit Poucet, cette première partie va vous permettre de retrouver les clés du chemin vers votre âme.

MAIS AU FAIT, QU'EST-CE QU'UN RÊVE ?

Quand on pose cette question, la première chose qui nous vient à l'esprit c'est le rêve que l'on fait la nuit. Et tout le monde le sait, il n'a pas d'existence intrinsèque. On pourrait dire qu'il n'est intéressant qu'en séance d'analyse. Cependant ce rêve nocturne, même sous forme symbolique, est un des chemins qui vous mène à l'intérieur de vous. Il révèle des zones que vous ne connaissez pas. On a tendance à le laisser de côté alors qu'il est le lien entre votre conscient et votre inconscient. Rassurez-vous, je ne vais pas vous demander d'analyser vos rêves ou de les noter, ce que je veux, c'est que vous compreniez quelque chose de fondamental.

> LE RÊVE, QUELLE QUE SOIT SA FORME, EST UNE PART DE VOUS ET UNE CLÉ VERS QUI VOUS ÊTES. LE RÊVE EST LA PORTE DE VOTRE ÂME, L'ACCÈS DIRECT À QUI VOUS ÊTES.

Ce que je veux dire c'est qu'au même titre qu'une grande majorité de personnes laissent dormir leurs rêves nocturnes, une aussi grande partie laisse s'évaporer ses rêves diurnes sans les exploiter.

C'est comme une petite voix à l'intérieur qui dit « oh, ça n'est qu'un rêve ». Ou encore : « les rêves ça ne se réalise pas », ou bien « qui es-tu pour rêver à ça, ça n'est pas pour toi ». Et voilà, vous refermez la porte du rêve. Seulement parfois ce rêve vous poursuit et vous continuez à ne pas y croire parce que ça n'est qu'un rêve. De toute façon, un rêve comme le vôtre, il n'y a que les autres qui peuvent le voir se réaliser parce que pour eux c'est bien la réalité et non un rêve.

Si vous pensez ça, non seulement vous refermez la porte de votre rêve, mais vous claquez la porte au nez de votre vie.

Une précision importante

À certains moments, j'ai utilisé dans ce texte des mots comme Dieu ou âme. Je les ai choisis par commodité et comme référence à des concepts et non en relation avec une quelconque religion. Les concepts auxquels je me réfère tout au long des pages s'adressent à chacun en dehors d'une pratique religieuse ou non. Aussi, sentez-vous libre d'y appliquer le mot qui vous parle en fonction de votre propre ressenti.

LA RÉALITÉ VIENT DU RÊVE

« Quelqu'un qui ne laisse pas la réalité déranger ses rêves est un sage. »

Christiane Singer, *La mort viennoise*

Chacun de nous a autour de lui des objets aussi usuels que des chaises, des tables… Et bien savez-vous qu'avant d'arriver dans votre séjour, ces meubles ont été rêvés ? Il y a eu des personnes qui ont eu l'idée… à l'intérieur de leur tête, ils ont eu des images et ces images ils les ont dessinées. La chaise, la table, le vase, la robe, les chaussures, la voiture… tout ce que vous possédez est passé du rêve de son créateur à un dessin sur papier ou ordinateur à partir duquel il a pu être réalisé.

Depuis la nuit des temps, tout ce qui nous entoure a été pensé. En d'autres termes, rien ne peut exister s'il n'a pas été rêvé et ce, quel que soit le domaine. Que ce soit le secteur de l'automobile, le secteur de la mode, le secteur du bâtiment, la technologie high tech, l'industrie cinématographique, l'industrie pharmaceutique, un roman… tout est parti d'une idée.

LES IDÉES INFILTRENT LES RÊVES,
LES RÊVES SE NOURRISSENT DES IDÉES.
LES RÊVES ET LES PENSÉES
SONT DES JUMEAUX.

Si le processus de création part d'un rêve, pourquoi votre vie ferait-elle exception ?

Je vais même oser vous proposer d'aller plus loin en ce qui concerne la création. Et je vous invite à embarquer dans la grande question de la Création de l'Univers. La Bible nous dit que Dieu a créé l'Homme (l'être humain) à son image mais, avant l'Homme, Dieu a créé le monde. Pour les personnes que le terme de Dieu dérange, vous pouvez le remplacer par l'Univers ou l'Énergie Créatrice mais, ce que j'aimerais, c'est que vous réfléchissiez à cela : si tout ce qui nous entoure a été créé avant nous et si nous avons été créés à l'image de Dieu, cela ne veut-il pas dire que nous aussi disposons de ce fabuleux pouvoir de création. Que nous aussi avons la possibilité de créer un univers à notre image ?

Je vous l'accorde, c'est vertigineux. Cependant c'est bien de ça dont il s'agit.

VOTRE PREMIER OUTIL
EST DONC
VOTRE IMAGINATION.

Je vous propose de méditer ce texte de Marianne Williamson, célèbre écrivain américaine qui a inspiré Nelson Mandela ; il est tiré de son livre *Le retour à l'amour*.

« Notre plus grande peur n'est pas que nous ne soyons pas parfaits…
Notre peur la plus profonde est que nous soyons puissants au-delà de ce qui est mesurable.
C'est notre lumière, pas notre obscurité qui nous effraie le plus.
Nous nous demandons : qui suis-je pour être brillant, merveilleux, talentueux, fabuleux ?
En fait, qui sommes-nous pour ne pas l'être ?
Jouer petit ne sert pas le monde.
Se rétrécir devant les autres pour qu'ils ne se sentent pas en insécurité ne fait pas preuve d'une attitude éclairée.
Nous sommes tous voués à briller, comme le sont les enfants.
Nous sommes nés pour manifester la gloire de Dieu qui est en nous.
C'est le sort de tout un chacun.
Et quand nous laissons notre propre lumière briller, nous donnons, sans en être conscients, la possibilité aux autres de faire la même chose.
Quand nous sommes libérés de notre propre peur, notre présence libère automatiquement les autres. »

Prenons maintenant un parallèle pour que vous puissiez appréhender la puissance et l'importance de votre imagination. Nous sommes à l'ère d'internet. La majeure partie d'entre nous utilise son ordinateur, sa tablette… Mais au-delà de ce matériel, il y a votre fournisseur d'accès et, encore au-delà, tout le réseau internet qui permet, grâce à d'énormes plateformes et à des relais, que nous puissions communiquer virtuellement dans le monde. C'est-à-dire que grâce au virtuel (à quelque chose d'intangible), nous obtenons des résultats concrets. Une quantité infinie de possibilités de communication se développe chaque jour grâce à internet.

C'est la même chose au niveau de notre imagination. Notre ordinateur central, c'est notre cerveau relié au système nerveux – pour la partie matérielle via des « plateformes » que l'on va appeler connexions neuronales. Cet ensemble forme un système électrique tangible et mesurable (électro-encéphalogramme, électrocardiogramme...). Notre imagination est une faculté de notre système mental à envoyer et récupérer des informations. C'est comme si notre cerveau était connecté sur un certain mode pour envoyer (une forme de cryptage) et récupérer des informations d'un ordre subtil (virtuel) et les retransmettre sur un mode tangible. Nous devons décrypter ces informations qui nous viennent sous formes d'idées, d'intuition, d'images... et les utiliser. Notre mental est un ensemble de facultés dont l'imagination, l'intuition, la volonté... font partie. Nous devons donc apprendre à utiliser ces facultés correctement.

TOUT EST ÉNERGIE, TOUT EST VIBRATIONS

« Le meilleur et le pire ne sont
que le recto et le verso du même. »

Christiane Singer, *Seul ce qui brûle*

En tant qu'être humain, votre forme physique est une densification de l'énergie, mais il n'y a pas que l'aspect physique. Il y a le mental, les émotions et le domaine spirituel et tout cela répond également à des lois énergétiques, en termes notamment de « fréquences ».

Nous sommes de l'énergie et nous vivons dans un bain d'énergie, l'Univers. L'énergie a ceci de particulier c'est qu'elle est « vivante », elle bouge, elle vibre à certaines fréquences.

En ce qui concerne la matière, celle-ci est composée d'atomes qui, selon leur organisation, donnera une forme spécifique et possédera sa propre fréquence vibratoire. Ainsi, sur un plan atomique, il n'y a pas de différence entre vous et une table, entre vous et ce livre. L'énergie au départ est la même, mais les atomes sont organisés différemment ce qui fait que vous ne ressemblez pas à une table pas plus qu'à ce livre. La matière est de l'énergie densifiée. Tout est énergie et cette énergie vibre du plus subtil au plus dense, la matière.

Au milieu de ce monde énergétique, il y a aussi une différence, c'est que vous êtes de la matière pensante. Votre mental et vos émotions font la différence et c'est eux qui sont les piliers en ce qui concerne le résultat que vous voulez obtenir.

Comme pour un poste de radio où vous allez capter des stations différentes en fonction de la longueur d'ondes sur laquelle vous vous connectez, il va en être de même avec vos pensées et vos émotions.

Pensées, émotions et sentiments sont également de l'énergie, plus subtile que celle de votre corps, palpable en termes de ressenti pour le côté le plus « matériel », mais possédant aussi un aspect plus subtil. En termes de pensées et d'émotions, on peut dire qu'il y a les basses et les hautes fréquences. Dit autrement, on va parler de pensées et d'émotions positives ou négatives.

Si vous êtes plutôt pessimiste, vous avez branché vos fréquences mentales sur une station basse fréquence. Si c'est plutôt l'optimisme qui domine votre manière d'agir, vous êtes plutôt connecté sur la haute fréquence.

Parfois, on peut avoir l'impression que c'est un véritable chaos intérieur et il est difficile de s'y retrouver. Les personnes qui sont plutôt connectées sur les basses fréquences (peurs, doutes, colère...) ont bien du mal à se connecter sur les hautes fréquences. Cependant, c'est possible, rien n'est figé et, ce, quelle que soit votre histoire. Je ne suis pas en train de vous dire que vous devriez faire ce que j'appelle de la pensée positive à outrance. Ce que je vous invite à faire, c'est à cultiver un champ de pensées et d'émotions qui soit connecté sur les hautes fréquences. Vous pouvez apprendre à le faire et ce livre va vous y aider.

Pour être plus juste, il me semble mieux de dire qu'il s'agit de cultiver une attitude mentale positive ou de cultiver une attitude mentale négative.

Cultiver une attitude mentale négative, c'est lorsque le doute, les peurs... prédominent et donnent la direction dans votre manière de réagir. Lorsque vous naviguez dans cet espace, vous êtes ce que j'appelle en restriction de vie. En général, on envisage les solutions à partir de nos difficultés, donc d'un espace restreint et qui appartient déjà au passé.

Lorsque vous cultivez une attitude mentale positive, cela ne vous évite pas de rencontrer des difficultés dans votre vie, mais votre état d'esprit est empreint de beaucoup plus de confiance. Vous êtes alors dans un état d'ouverture où les solutions peuvent advenir. Vous laissez l'espace du futur et du changement prendre place dans votre vie. Votre espace est celui du présent à partir duquel vous pouvez tout transformer.

Actuellement, les neurosciences mettent en avant l'impact de notre manière de penser sur la qualité de notre vie, mais cette connaissance existe depuis des millénaires dans les sciences traditionnelles comme le yoga, le taï chi, le qi gong.

Une des premières choses que j'avais retenue durant ma formation de professeur de yoga, c'est que :

LÀ OÙ VA LA PENSÉE VA L'ÉNERGIE.

Si je fus interpellée, il m'a fallu un certain nombre d'années avant de comprendre ce que cela voulait dire. Je l'ai appris à mes dépens, mais j'ai pu inverser la vapeur, justement en comprenant ce processus de l'énergie au cœur des pensées et des émotions et, bien sûr, en travaillant dans ce sens. Aujourd'hui, c'est ce qui est au cœur de mon travail. Lorsqu'on parle de l'énergie des pensées et des émotions, on parle de leur vibration car chacune d'elles correspond à une vibration particulière. Ce qui s'attire, sous forme de « question-réponse », ce sont les vibrations. Tout se passe au niveau vibratoire, mais nous en percevons la manifestation sur le plan matériel. On peut parler de plans de conscience que l'on peut changer en changeant notre regard sur la vie et cela passe par nos pensées et nos émotions. Inversement, modifiez vos pensées et vos émotions et votre regard sur la vie changera.

Lorsque nous sommes connectés sur le négatif, la plupart des expériences que nous aurons seront sur le mode négatif. Si nous avons la capacité à nous connecter sur du positif, à nous ouvrir, nos expériences se feront sur le mode positif et ce qui est négatif aura moins d'impact.

Tout dépend de la valeur que nous donnons aux expériences et de notre vision des choses. Cela, je m'en rendis compte tôt, à vingt-deux ans. Mariée très jeune, je divorçai quelques mois plus tard. Je parlai avec une commerçante que je connaissais et qui était au courant de mon divorce. Elle me dit « on peut dire que vous démarrez bien mal dans la vie. » Ce à quoi je répondis « Pourquoi ? Je l'ai choisi et c'est une sacrée liberté ». Je la vis interloquée et elle resta sans voix. Je compris à ce moment que chacun voyait la vie selon son point de vue et qu'on avait le choix de sa vie selon ce que l'on voulait.

Non seulement tout est énergie, mais… vous pouvez inverser la vapeur. Pourquoi ? Parce qu'au départ l'énergie est une et elle contient les deux polarités auxquelles nous donnons les valeurs de positif et négatif. Par conséquent, nous pouvons passer d'un pôle à l'autre. Rien n'est figé et vous pouvez modifier vos schémas de pensées et d'action. Ces schémas s'appellent des paradigmes et vous pouvez changer de paradigme comme nous allons le voir plus loin.

Pensée positive et pensée négative

Peut-être connaissez-vous autour de vous des personnes qui vous disent qu'elles pratiquent la « pensée positive ». Face à de telles personnes vous vous sentez sûrement coupable d'avoir des pensées négatives car parfois, à entendre le dis-

le sens de ce que vous souhaitez parce que vous saurez en face de quoi vous vous trouvez. Il me semble nécessaire de vous donner une précision supplémentaire car, lorsque je dis : « vous saurez en face de quoi vous vous trouvez », certains d'entre vous auront peut-être un réflexe « analytique », celui de chercher le *pourquoi*. Or, si vous éprouvez de la peur, la question n'est pas tant de savoir pourquoi, mais bien de reconnaître votre peur. Savoir pourquoi vous maintient à l'extérieur puisque vous attribuez votre peur à une chose ou un fait, en revanche ressentir votre peur vous permet de vous relier à vous et de pouvoir passer au-delà pour la transformer.

À partir de ce constat, voyez ce que vous pouvez faire, ce que vous pouvez engager, et orientez votre attention vers quelque chose de « positif », *c'est-à-dire quelque chose qui va dans le sens de ce que vous voulez.* C'est cela avoir une attitude mentale constructive. À partir d'un constat, même douloureux, vous ouvrir vers une direction différente. À ce moment, les changements se produisent, des opportunités arrivent. Non pas par magie, mais parce que vous avez regardé ce qui était et l'avez accepté. Ce point est nécessaire pour engager toute action car avant l'action, c'est votre énergie qui est engagée.

Souvenez-vous qu'une émotion, quelle qu'elle soit, est une énergie. Il y a une charge énergétique et celle-ci fait bouger nos cellules de différentes façons selon le type d'émotion dont il s'agit. Chaque émotion intervient au niveau de notre système nerveux.

NUL AUTRE QUE VOUS N'EST RESPONSABLE DE VOTRE BONHEUR

« Le bonheur, c'est quand il y a une harmonie entre ce que vous pensez, ce que vous dites et ce que vous faites. »

Mahatma Gandhi

Je me souviens du jour où je me suis rendue compte que j'étais responsable de mon bonheur. C'était lors d'un stage de yoga. Ce fut à la fois un choc, mais aussi une grande libération intérieure. Je réalisais que je ne remettais plus mon bonheur entre les mains des autres ou des circonstances.

En même temps que cette prise de conscience, je me souvins d'un sujet de philosophie où je dus décrocher un 2/20 pour m'être creusée la tête pendant 4 heures sur la question : qu'est-ce que le bonheur ? J'avais beau réfléchir, je ne trouvais pas de recettes et j'enviais secrètement mes camarades qui semblaient s'être jetées tout de go sur leur copie et tout connaître des secrets du bonheur. J'imagine que j'ai dû faire un effort monumental pour resservir quelques idées piochées çà et là chez des auteurs étudiés car, à l'époque, le bonheur équivalait pour moi à un voyage à l'autre bout de l'univers. Et quand on ne connaît pas un pays, il est difficile d'en parler.

J'ai donc débuté ma jeune vie d'adulte avec une notion du bonheur aussi proche de moi que si ET avait appartenu à ma famille. C'était même mieux, le bonheur était pour les autres. Et pourtant je n'étais pas malheureuse. Cela je le compris lorsqu'un ami me posa un jour cette question : est-ce que tu es heureuse ? Je lui dis que je n'étais pas malheureuse. Il me répondit que si je n'étais pas malheureuse, cela ne voulait pas dire que j'étais heureuse.

Je me suis retrouvée à la tête d'un empire de deux éléments : mon bonheur ne dépendait que de moi et je n'étais pas heureuse. Si c'était une sacrée libération que de savoir que mon bonheur ne dépendait que de moi, j'étais franchement perdue quant au comment l'atteindre.

J'avoue que je n'ai pas pu remplir le programme immédiatement et qu'il m'a fallu un certain temps, un certain nombre d'années pour être honnête, avant de mettre mon objectif bonheur en premier lieu.

Et là encore, une seule chose m'a permis de voir si j'étais heureuse ou pas, et ça sera la même chose pour vous : cette petite question... est-ce que vous vous sentez bien, en accord avec vous-même ?

On a souvent tendance à déterminer notre bonheur à partir de ce que nous possédons, des relations que nous avons, nous mesurons aussi parfois notre bonheur à la réussite que nous avons... mais souvent, nous prenons le problème à l'envers.

Pire, aujourd'hui, beaucoup de personnes regardent ce que l'autre a et ce qu'elles n'ont pas. Elles se lancent à la course du « moi aussi », sans se poser la question si c'est vraiment ce qu'elles veulent, si ça leur correspond. Elles fonctionnent à partir d'un modèle extérieur, sur des croyances, souvent des illusions. Le problème est qu'elles ne savent pas regarder en elles.

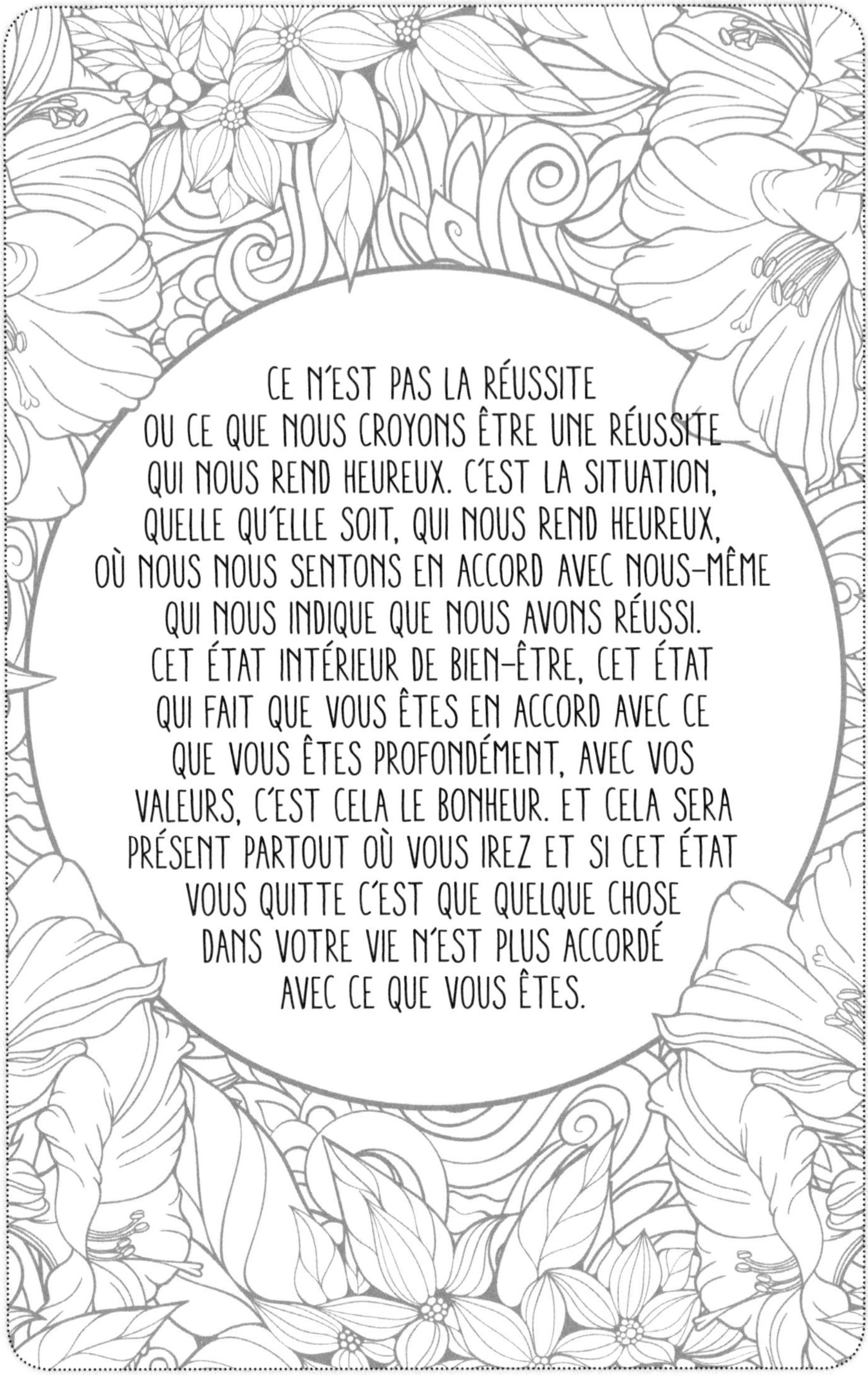

CE N'EST PAS LA RÉUSSITE
OU CE QUE NOUS CROYONS ÊTRE UNE RÉUSSITE
QUI NOUS REND HEUREUX. C'EST LA SITUATION,
QUELLE QU'ELLE SOIT, QUI NOUS REND HEUREUX,
OÙ NOUS NOUS SENTONS EN ACCORD AVEC NOUS-MÊME
QUI NOUS INDIQUE QUE NOUS AVONS RÉUSSI.
CET ÉTAT INTÉRIEUR DE BIEN-ÊTRE, CET ÉTAT
QUI FAIT QUE VOUS ÊTES EN ACCORD AVEC CE
QUE VOUS ÊTES PROFONDÉMENT, AVEC VOS
VALEURS, C'EST CELA LE BONHEUR. ET CELA SERA
PRÉSENT PARTOUT OÙ VOUS IREZ ET SI CET ÉTAT
VOUS QUITTE C'EST QUE QUELQUE CHOSE
DANS VOTRE VIE N'EST PLUS ACCORDÉ
AVEC CE QUE VOUS ÊTES.

Si vous êtes en accord avec vous-même, vous pouvez être triste de ne plus vivre telle ou telle situation, il vous faudra du temps parfois pour retrouver un apaisement intérieur, mais vous ne perdrez jamais votre joie. Elle sera toujours là, sous-jacente à ce que vous entreprenez, sous-jacente aux relations que vous nouez, aux projets que vous entreprendrez.

Vous êtes responsable de votre vie

Je crois que s'il fut une des prises de conscience dans ma vie, ce fut celle-ci. Comme beaucoup de personnes, j'ai vécu « par défaut ». Une sorte de programmation préétablie de ma vie où je ne me suis pas posé, au départ, la question de ce que je voulais dans ma vie. Je me laissais guider par une sorte de hasard extérieur où la chance a été souvent au rendez-vous, mais l'insatisfaction aussi. Et puis il y a eu des désirs que j'ai accomplis… pour une raison extérieure à moi, plus exactement parce que je n'ai pas su écouter l'être que je suis, parce que je suis restée à l'orée de moi-même. Heureusement, j'ai toujours eu une grande connexion à « l'invisible » et des heureux « hasards » dans ma vie m'ont amené à me poser des questions. Il m'a fallu un certain nombre d'années avant que je ne comprenne vraiment ce que j'avais entendu pendant toutes ces années de formation de yoga : « là où va la pensée, va l'énergie ». Imaginez un peu que vous soyez un capitaine de navire et que vous embarquiez sur les flots. Si vous n'avez aucune idée de l'endroit où vous voulez vous rendre, si au moindre changement de sens du vent, vous laissez votre voile prendre la direction, vous risquez de ne parvenir nulle part et de vous épuiser. Certes, vous allez sûrement, de temps en temps, accoster de beaux rivages, mais le voyage risque d'être long. En revanche, si vous décidez de l'endroit où vous voulez aller, même s'il y a des tempêtes, vous allez maintenir votre cap, même si vous devez changer momentanément de route, comme par magie, les vents vous seront favorables. C'est exactement la même chose dans notre vie. Si nous n'avons pas de projets, pas de direction, nous n'utilisons pas le précieux potentiel que la vie nous a donné lorsque nous sommes venus dans ce monde. Nous devenons le jouet d'une énergie extérieure comme si nous étions hors-jeu.

Souvenez-vous que l'univers est abondance, il est rempli d'énergie, il est en constante évolution. Cette énergie est à votre disposition. Et non seulement elle est à votre disposition, mais vous n'avez pas besoin de lui fournir un curriculum vitae impressionnant pour en bénéficier. Elle est pour chacun de vous. Vous êtes baigné de cette énergie. Vous en êtes partie intégrante. Cette énergie vous traverse et elle s'appelle la Vie. Comment l'utilisez-vous ?

Je vais vous dire quelque chose qui risque d'en faire bondir plus d'un... votre vie est le résultat de la manière dont vous dansez avec cette énergie. Si vous savez entrer dans la danse de l'Univers, l'Univers vous le rendra au centuple.

TOUTE CHOSE SE CRÉE À DEUX NIVEAUX : LE MENTAL ET LA MATIÈRE.

Et cela fonctionne pour tout. Votre point de départ est votre premier outil, votre imagination. Pour passer de ce niveau mental à sa réalisation, il vous faudra le décider afin de donner la direction à votre énergie mentale.

Même si vous êtes dans une tendance négative, vous pouvez toujours inverser la vapeur. Il n'est jamais trop tard pour changer et prendre votre vie en mains.

Si vous êtes insatisfait, c'est que vous avez des rêves, des rêves de vie meilleure et il n'appartient qu'à vous de commencer à vous y atteler afin qu'ils deviennent réalité.

Vous savoir responsable de votre vie peut aussi vous mettre en colère. Si vous avez des problèmes de santé, si votre conjoint vous a laissé avec vos enfants, si vous êtes au chômage… vous ne l'avez pas choisi et nous sommes absolument d'accord. C'est au niveau vibratoire que ça se passe. Ce que vous pouvez choisir, c'est la manière dont vous allez répondre à ce que vous êtes en train de vivre. Vous pouvez baisser les bras, vous vautrer dans votre insatisfaction, votre colère, votre sentiment d'injustice et d'impuissance, vous pouvez vous trouver tout un tas de raisons pour continuer dans ce bourbier, le diagnostic est simple, vous souffrez de victimite aiguë. Ou bien vous pouvez décider de devenir responsable de votre vie.

Si c'est l'option que vous choisissez, vous allez devenir la personne la plus importante de votre vie. Vous allez changer, vous allez prendre le risque… celui de vivre la vie que vous voulez.

DEVENIR RESPONSABLE DE SA VIE IMPLIQUE UNE QUESTION FONDAMENTALE QUI EST LA SUIVANTE : QU'EST-CE QUE JE VEUX VIVRE DANS MA VIE ?

Devenir responsable de votre vie va donc vous amener à faire le choix de la manière dont vous allez faire face à ce que vous vivez.

**ET POUR CELA,
JE VOUS RAPPELLE
LA QUESTION FONDAMENTALE :
QU'EST-CE QUE JE VEUX
DANS MA VIE ?**

Et la réponse à cette question, elle est simple et identique pour chacun d'entre nous. La réponse, c'est être heureux.

EN RÉSUMÉ :
ÊTRE RESPONSABLE DE VOTRE VIE
IMPLIQUE DEUX ÉLÉMENTS :
DÉCIDER D'ÊTRE HEUREUX,
CHOISIR LA MANIÈRE DONT VOUS ALLEZ
FAIRE FACE À CE QUE VOUS VIVEZ
POUR VOUS RAPPROCHER
DE CE SENTIMENT
DE BONHEUR INTÉRIEUR.

Seulement, voilà, être heureux pour vous n'est peut-être pas la même chose que pour moi. C'est pourquoi la question de savoir ce que vous voulez est primordiale.

Retrouver votre pouvoir intérieur

Être responsable de votre vie revient à prendre le pouvoir de votre vie. Même si nous n'avons pas le pouvoir de changer les événements, nous avons le pouvoir de nous positionner différemment. Devenir responsable de sa vie consiste à sortir de notre état d'impuissance où nous subissons pour voir notre vie autrement et nous ouvrir à d'autres manières de fonctionner et à toutes les possibilités que nous avons. La première chose est de prendre conscience de ce qui nous touche, c'est la porte d'entrée. À partir de là, je vais pouvoir choisir ma manière de réagir et donc décider de changer. Je conçois que parfois ça n'est pas facile, mais c'est toujours possible et nous y gagnons en liberté intérieure. La seconde chose, c'est que lorsque nous nous positionnons de cette manière, nous voyons, comme par hasard, les choses changer. Si nous nous positionnons différemment, un changement de conscience s'opère à l'intérieur et de manière subtile les différents rouages vont s'imbriquer autrement, alors l'extérieur s'organisera aussi autrement. C'est la clé du changement. Notre pouvoir intérieur est avant tout relié au pouvoir de l'Univers. Ce pouvoir vous anime parce que vous faite partie de l'Univers. Le pouvoir est la force, la sagesse. Il est aussi cette énergie intérieure qui permet à vos cellules de guérir votre corps. Être conscient de ce pouvoir ne vous demande absolument pas de servir votre ego en établissant une relation de supériorité sur autrui. Tout est en nous : la créativité, la sagesse. Nous possédons tout en positif et en négatif. Exprimer tout cela revient à être dans notre pouvoir, à exprimer ce potentiel, cette force, cette énergie, cette spécificité qui nous anime et qui est bien plus grande que ce que nous imaginons.

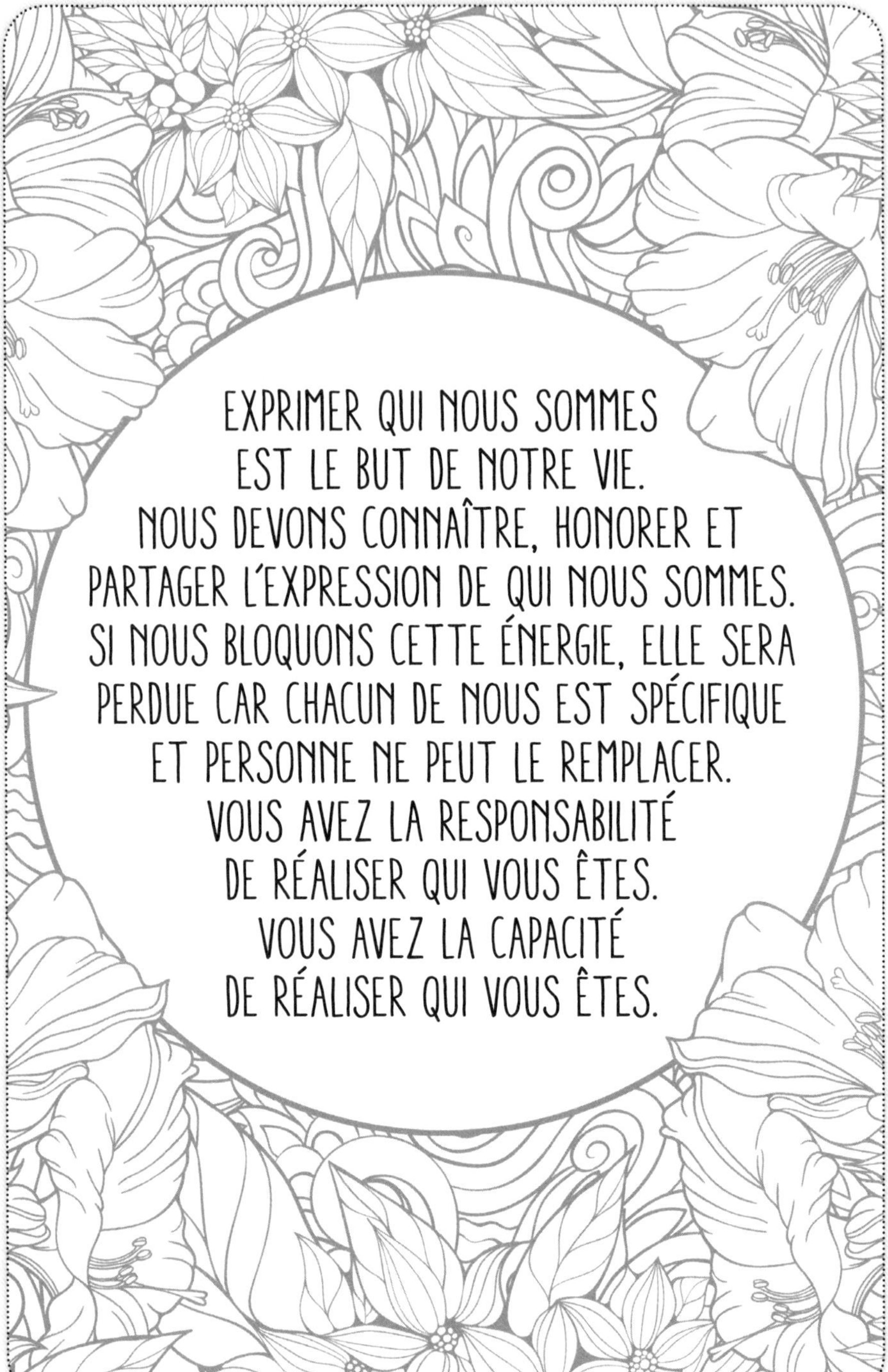

EXPRIMER QUI NOUS SOMMES
EST LE BUT DE NOTRE VIE.
NOUS DEVONS CONNAÎTRE, HONORER ET
PARTAGER L'EXPRESSION DE QUI NOUS SOMMES.
SI NOUS BLOQUONS CETTE ÉNERGIE, ELLE SERA
PERDUE CAR CHACUN DE NOUS EST SPÉCIFIQUE
ET PERSONNE NE PEUT LE REMPLACER.
VOUS AVEZ LA RESPONSABILITÉ
DE RÉALISER QUI VOUS ÊTES.
VOUS AVEZ LA CAPACITÉ
DE RÉALISER QUI VOUS ÊTES.

Être responsable de sa vie, c'est aussi se percevoir comme un individu relié aux autres individus dans un espace-temps donné et au-delà.

Devenir responsable de sa vie ne veut absolument pas dire devenir coupable. Ça n'est pas non plus au niveau conscient. Nous sommes ici sur des niveaux subtils en relation avec notre incarnation, sur des ramifications entre phénomènes.

N'oubliez pas que tout est vibratoire comme l'a démontré la physique quantique. Bien évidemment que vous ne décidez pas d'attirer tel ou tel problème. C'est la vibration avec laquelle vous entrez en résonance et celle-ci est reliée à aujourd'hui et à vous comme individu, mais aussi au-delà de vous (transgénérationnel et au-delà) et inclut les contextes et époques, qu'ils soient actuels ou non. Pourriez-vous envisager que ce soit au-delà du temps, espace, matière ?

Si nous sommes venus dans ce monde, c'est que nous devons y participer et non nous arrêter au bord de la vie pour la voir défiler. Vous êtes un atome de l'Univers. Vous avez votre importance. Si vous savez ce que vous voulez, si vous voulez donner une direction à votre vie, si vous voulez lui donner du sens, vous devenez responsable de votre vie. Vous cessez de fonctionner par défaut. Lorsque vous achetez un ordinateur, il est paramétré par défaut, vous pouvez le paramétrer selon l'usage que vous voulez en faire. C'est la même chose dans votre vie.

**ARRÊTEZ
DE VOUS ARRÊTER
AU BORD DE VOTRE
VIE !**

Vous avez le choix de baisser les bras ou d'agir. J'en entends déjà certains qui vont me dire « oui, mais je n'arrête pas de me battre ». Je ne vous ai pas dit de vous battre, je vous ai parlé d'agir. Reportez-vous au chapitre page 55, où je parle de qui rame à contre-courant.

La vie ne doit pas être une lutte. Vivre est votre droit de naissance. Honorez cette vie en allant dans le sens du courant de la Vie.

**LE SENS DE
VOTRE VIE VA TOUJOURS
DANS LE SENS DU COURANT
DE LA VIE.
LE SENS DU COURANT
DE LA VIE PORTE LE SENS
DE VOTRE VIE.**

LA JOIE ET L'ENTHOUSIASME DOIVENT ÊTRE VOTRE GUIDE

« Celui qui a senti un jour dans ses mains trembler la joie ne pourra plus jamais mourir. »

Amanda Ruchpaul[1]

Si on se réfère à l'extérieur pour éprouver de la joie, cela risque d'être plutôt compliqué, surtout quand les médias diffusent en permanence le côté négatif du monde. Si l'on cherche la joie dans les compensations extérieures, on risque de basculer dans tous les modes de dépendance et dans une illusion dont le réveil sera douloureux.

La joie c'est la joie pure, sans « addictions », la joie qui émane du cœur, la joie de la vie, la joie d'être en vie, d'appartenir au monde et d'œuvrer dans ce monde.

Une grande majorité de personnes font dépendre leur joie de l'extérieur. Cette joie est alors momentanée, c'est une joie de l'ordre de la consommation. Elle ne dure pas et, lorsqu'il n'y a plus de joie, il faut en chercher une autre ailleurs. C'est un des meilleurs moyens pour passer sa vie à côté de ses « pompes », à côté de soi. Ce que l'on recherche c'est l'excitation du moment et non l'intensité que la vraie joie procure dans la vie. On y trouve l'intensité au départ, mais elle ne dure pas. La joie ne dépend pas de grandes choses nécessairement. Vous pouvez éprouver une joie intense en regardant un arbre par exemple. On dit qu'il y a des grandes et des petites joies. Je crois qu'il y a surtout des réalisations qui sont comme des pas sur le chemin. Certains sont plus

1. Artiste, écrivain et professeur de yoga, Amanda est la fille d'Éva Ruchpaul, une des premières femmes yogi d'Europe.

grands que d'autres, mais qu'est-ce qui est le plus important? Faire des grands pas ou avancer? Parfois faire un petit pas, un petit changement, va vous apporter une sensation de bien-être parce qu'avec cette « petite chose », vous vous apercevez que vous avez commencé le chemin vers vous, vers ce que vous voulez, vers le style de vie que vous souhaitez, vers votre bonheur. Alors vous sentez la joie intérieure. Cette joie intérieure, gratuite, est le signe que vous vous approchez de vous. Plus vous vous approchez de vous, plus votre enthousiasme grandit et plus il grandit, plus vous poursuivez dans le sens que vous voulez, plus l'Univers, l'extérieur, vous répond dans le même sens et plus votre joie est apparente.

**LA JOIE
ET L'ENTHOUSIASME SONT
LE TERREAU AU SENS
QUE NOUS VOULONS
DONNER À NOTRE VIE.**

Regardez les photos de Mère Teresa, regardez son visage, l'éclat de son regard, son sourire. La joie irradie sur son visage et pourtant elle ne vit pas dans un milieu particulièrement joyeux, mais elle est connectée à ce qu'elle a de plus profond en elle, à ce qui anime sa vie. À une personne qui lui demandait un jour comment elle luttait contre la guerre, elle a répondu qu'il ne fallait pas compter sur elle pour lutter contre la guerre, mais qu'elle était disposée à œuvrer pour la paix.

Ne nous trompons pas de sens. Lorsque nous luttons contre quelque chose, nous ne sommes pas en relation avec notre être profond, avec notre joie. Lorsque nous allons vers quelque chose, vers un but qui nous est cher, nous sommes connectés à la part la plus profonde en nous, à la vie, à la joie, à l'enthousiasme. Alors, l'Univers va aller aussi dans le même sens que nous tout simplement parce que nous allons vers lui. L'univers est expansion, abondance, il n'est pas restriction ou sanction.

Cultiver cette joie intérieure va vous permettre d'entrer dans cette dynamique de l'univers qui vous permet d'accomplir vos rêves.

SOUVENEZ-VOUS :
VOUS ÊTES UNE PARCELLE DE L'UNIVERS.
CETTE PARCELLE RÉSIDE EN VOUS SOUS LA FORME
DE CE NOYAU QU'ON PEUT APPELER « L'ÂME ».
VOUS N'ÊTES PAS TOUT SEUL, IL Y A D'AUTRES
PARCELLES DE L'UNIVERS ET VOUS ÊTES EN CONNEXION,
MÊME SI VOUS N'EN AVEZ AUCUNE CONSCIENCE.
COMMENCEZ VOTRE CHEMIN EN VISANT
LE FAIT DE VOUS SENTIR BIEN. PLUS VOUS ACTIVEREZ
CETTE SENSATION, PLUS VOUS PERMETTREZ
À VOS DÉSIRS DE POINTER LE BOUT
DE LEUR NEZ.

ET COMME PAR MAGIE
VOUS RÉALISEREZ QUE VOUS AVEZ DES RÊVES,
ILS APPARAÎTRONT COMME LE SOLEIL
QUI ÉMERGE DERRIÈRE LES NUAGES.
NOS RÊVES NE SONT PAS NÉCESSAIREMENT
DE GRANDES CHOSES. CE SONT SURTOUT DES CHOSES
QUI COMPTENT POUR VOUS, QUELQUE CHOSE
QUI EST FORT À VOS YEUX.
QUI QUE VOUS SOYEZ, VOUS ÊTES IMPORTANT
POUR LE MONDE ET POUR L'UNIVERS.

Lorsque je parle de la joie comme notre véritable état d'être, je ne dis pas que nous n'éprouvions pas de tristesse. Je ne vous dis pas non plus de ne pas voir cette tristesse quand elle est là. Le souci, pour une grande majorité de personnes, c'est une addiction à une pseudo-joie. La société dans laquelle nous vivons nous offre une multitude de possibilités pour fuir qui nous sommes, pour fuir ce que nous ressentons, pour combler notre vide intérieur. Le prix à payer, c'est que, malheureusement, un jour ou l'autre, nous sommes confrontés à ce vide, à cet aspect factice et le constat est parfois extrêmement douloureux.

Il est certain que lorsque vous traversez des états de tristesse, des états de découragement, des états de colère, se forcer à chercher la joie n'est pas la priorité. Il est nécessaire de reconnaître cet état. Ce que nous faisons en nous précipitant dans des activités de fuite, de compensation, c'est que nous recherchons un bien-être, mais à l'extérieur. C'est-à-dire que nous devenons dépendants de quelque chose qui est extérieur à nous. C'est une illusion, l'illusion de notre ego. Cette dépendance nous éloigne de nous, nous éloigne de notre pouvoir intérieur, nous éloigne du bonheur. C'est cela qui nous fait dire, par exemple, je commencerai la méditation quand j'aurai du temps, je pratiquerai la peinture quand je serai à la retraite… Tout dépend de quelque chose d'autre.

Que se passe-t-il en réalité lorsque vous agissez ainsi? Souvent, vous êtes à un moment où vous vous sentez-mal. Vous auriez besoin de prendre du temps pour vous, pour retrouver votre équilibre intérieur avec une activité qui vous fait du bien, qui vous passionne… Or vous pensez que c'est quand vous serez bien, que vous vous sentirez équilibré dans votre vie, que vous pourrez vous mettre à cette passion qui vous anime. Ce que vous ne voyez pas, c'est que c'est justement cette passion qui est le chemin vers qui vous êtes, le chemin vers la joie, le chemin vers l'enthousiasme. Votre passion est le moteur de votre être, elle est le chemin vers l'équilibre et le mieux-être. Mais vous faites l'inverse.

CHAQUE FOIS QUE VOUS ÉCOUTEZ CE DONT VOUS AVEZ BESOIN, VOUS VOUS RAPPROCHEZ DE VOUS. CHAQUE FOIS QUE VOUS AGISSEZ À L'INVERSE, VOUS VOUS ÉLOIGNEZ DE VOUS ET VOUS PERDEZ DE L'ÉNERGIE.

NOURRIR L'EGO OU NOURRIR L'ÊTRE ?

« Ce n'est pas d'en savoir beaucoup
qui rassasie et satisfait l'âme,
mais de sentir et de goûter les choses intérieurement. »

Ignace de Loyola

Il y a deux parties en nous : l'ego et l'Être. L'ego et l'Être sont comme deux parties affamées dont chacune réclame sa part. Il est courant, dans le développement personnel, d'entendre ce conseil : « il faut lâcher l'ego ». Malheureusement, avant de pouvoir lâcher quelque chose, il faut le reconnaître. Oui, nous fonctionnons au niveau de l'ego, et ça n'est pas une honte. Le premier pas ici et donc de cesser de se culpabiliser, de cesser de croire que nous ne sommes pas comme il faut, pas spirituels… parce que nous fonctionnons au niveau de l'ego.

L'ego est cette part de nous qui s'est construite au cours de notre vie, grâce à notre éducation, grâce à nos expériences, à nos croyances… L'ego est la manière dont notre personnalité fonctionne. C'est tout ce qui nous fait adhérer à nos valeurs, tous nos systèmes de référence, en particulier au niveau mental. Dans tout cela, il y a ce que nous avons fait nôtre parce que cela fait suite à notre expérience, et puis tout ce dont nous avons hérité de croyances familiales… Et plus encore, tout ce qui nous nourrit au niveau de l'inconscient collectif. Tout cela, nous y adhérons sans nous rendre compte qu'il y a un perpétuel changement. Nous nous évertuons même à nous y accrocher. Toute la gamme des émotions et sentiments s'exprime pour nourrir notre ego. Ce que nous considérons comme injuste et qui nous met en colère, ce que nous tentons de retenir et qui crée chagrin et colère, ce pour quoi nous combattons… Tout ce que nous croyons être le champ de notre réalité et pour lequel nous utilisons une énergie monumentale pour tenter d'aller dans le sens contraire, pour tenter de conserver ce fragile équilibre. Ajoutez à cela votre métier, votre position sociale, le regard des autres (ou l'importance que vous y accordez)… qui fait de vous quelqu'un, quelqu'un de bien de préférence parce que c'est ce que vous tentez désespérément d'être. Voici donc quelques-uns des constituants de l'ego. Lâchez cela, qu'est-ce qu'il reste ? Souvent une dépression.

Je ne suis surtout pas en train de vous dire que, si vous « lâchez » cette part de vous, vous allez plonger dans une dépression. Ce que je veux vous dire, c'est que si vous êtes dans un état dépressif, c'est que vous êtes sûrement coincé dans le fonctionnement de l'ego et que la part de l'Être est réduite à sa portion congrue. Et la nuance est de taille.

Je vous ai dit qu'il y avait deux parties, l'ego et l'Être. Ça n'est pas l'une au détriment de l'autre. Vous pouvez vous représenter ces deux parts comme deux poupées russes qui s'emboîtent. L'ego est la poupée perceptible à l'extérieur et l'Être est celle de l'intérieur.

Nous avons esquissé un portrait de l'ego, esquissons maintenant celui de l'Être. L'Être est cette part de nous, éternelle, immuable, faite de Joie. En d'autres mots, c'est notre part divine. C'est celle qui est reliée à la Source, à l'Univers, à Dieu… Cette part en nous vibre. Elle vibre et pulse au rythme de l'Univers, en accord avec lui, en relation avec ce pour quoi vous êtes venu sur cette terre.

CHOISIR L'UN OU L'AUTRE, L'ÉGO OU L'ÊTRE, N'EST PAS POSSIBLE. EN REVANCHE RÉAJUSTER LES DEUX PARTIES, OUI.

L'ego appartient au monde de l'illusion, il est dirigé par l'attachement, il constitue notre part matérielle humaine. L'Être est la Vérité, la Réalité.

Lorsque nous fonctionnons au niveau de l'ego, nous sommes éloignés, voire coupés de notre Vérité, de notre Être.

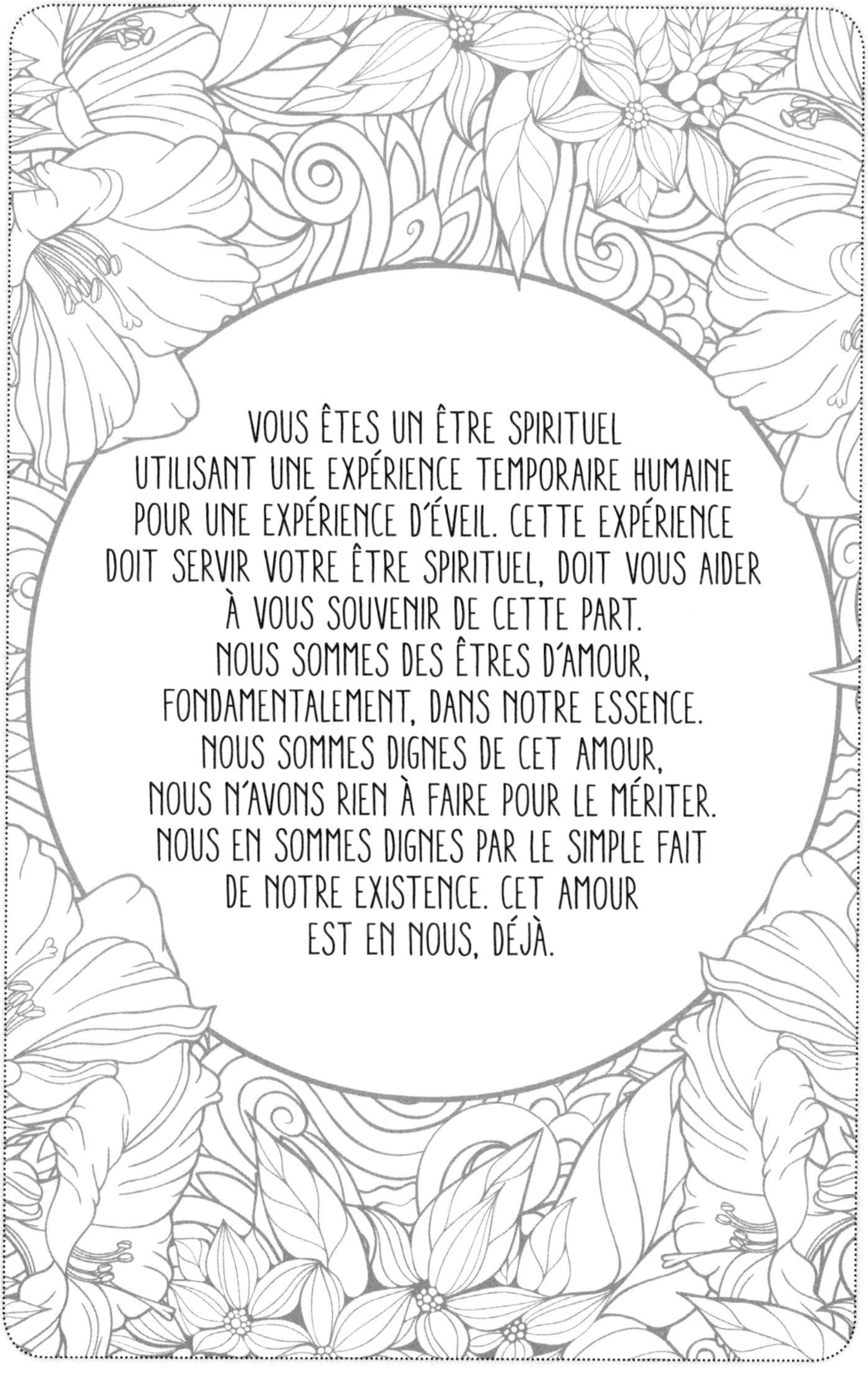

VOUS ÊTES UN ÊTRE SPIRITUEL
UTILISANT UNE EXPÉRIENCE TEMPORAIRE HUMAINE
POUR UNE EXPÉRIENCE D'ÉVEIL. CETTE EXPÉRIENCE
DOIT SERVIR VOTRE ÊTRE SPIRITUEL, DOIT VOUS AIDER
À VOUS SOUVENIR DE CETTE PART.
NOUS SOMMES DES ÊTRES D'AMOUR,
FONDAMENTALEMENT, DANS NOTRE ESSENCE.
NOUS SOMMES DIGNES DE CET AMOUR,
NOUS N'AVONS RIEN À FAIRE POUR LE MÉRITER.
NOUS EN SOMMES DIGNES PAR LE SIMPLE FAIT
DE NOTRE EXISTENCE. CET AMOUR
EST EN NOUS, DÉJÀ.

La clé est de retrouver le lien avec notre Être. Ce lien c'est, comme je vous le disais précédemment, la Joie. L'Être est le lieu de la Clarté, de la Lumière, de la Joie, de l'Amour. Il est impermanent et au-delà de tout. JAMAIS vous ne le perdrez. En revanche, vous vous en éloignez souvent.

L'ego nous entraîne dans l'illusion. Un des premiers pièges est de s'identifier à cet ego. Nous nous identifions à qui nous croyons être, à l'image sociale que nous avons, à notre métier..., c'est-à-dire à une apparence extérieure. Pour certains, c'est comme s'il fallait se débarrasser de cet ego, comme s'il était un ennemi à abattre. Il est nécessaire de réajuster les rapports. En faisant ce réajustement, tous les aspects qui vous constituent seront rassemblés et vous cesserez de ne fonctionner qu'à un niveau comme par exemple au niveau professionnel. C'est par exemple ce qui se passe lorsqu'une personne arrive à la retraite et qu'elle n'a existé, en termes de valeur personnelle, qu'à travers son métier. Au moment de la retraite, il peut y avoir dépression, maladie subite, voire décès, car elle se trouve face au vide intérieur que le milieu professionnel extérieur ne comble plus.

Il est impératif de relier l'ego et l'Être. Lorsqu'il y a trop d'écart entre les deux, cela crée un mal-être qui peut parfois atteindre une intensité très forte. Se relier à l'Être nous permet d'introduire le bonheur dans notre vie.

J'en vois déjà certains qui se disent qu'ils n'ont pas envie de passer leur vie en contemplation pour se relier à l'Être. Rassurez-vous, ça n'est pas la seule voie, vous pouvez dans votre quotidien vous relier à cette part.

Chaque fois que ce que vous faites vous apporte de l'enthousiasme, vous êtes en contact avec cette part profonde de vous. Chaque fois que la Joie émerge, c'est l'Être. Et si ça n'émerge pas ? C'est peut-être que vous regardez le paysage par le petit bout de la lorgnette. Je vous disais plus haut que l'on a tendance à attendre pour faire ce qui nous plaît que les choses aillent mieux. Et bien faites le contraire.

> ÉCOUTEZ VOS DÉSIRS, ÉCOUTEZ CE QUI VOUS ATTIRE, CE QUI VOUS NOURRIT… ET ÇA IRA MIEUX DANS VOTRE VIE. SI VOUS FAITES CELA, VOUS NOURRISSEZ L'ÊTRE. CHAQUE FOIS QUE VOUS AGISSEZ PAR DEVOIR, PAR SOUCI DU QU'EN DIRA-T-ON… VOUS NOURRISSEZ L'EGO.

Nous avons tendance à nous laisser de côté, à ne pas savoir prendre de temps pour soi. Nous nous lançons dans une quantité d'activités par devoir, pour répondre à des attentes qui, en plus, sont souvent de très vieilles injonctions lorsque nous étions enfants. Nous nous trouvons tout un tas de bonnes raisons pour ne pas nous écouter (le manque de temps, les enfants, le conjoint, les croyances que c'est égoïste…). En vivant ainsi, nous vivons dans un leurre et nous sommes très loin de nous et de notre Être. Ce que vous ignorez, c'est que si vous savez revenir à vous, vous aurez beaucoup plus d'énergie, beaucoup plus d'enthousiasme, et vous serez beaucoup plus disponible pour les autres. Une vraie disponibilité, pas uniquement celle du temps, une disponibilité intérieure.

Plus vous ressentirez cet état intérieur de bien-être, de Joie, plus il grandira. Et si, par hasard, au détour de votre vie, vous passez par le creux d'une vague, vous l'aurez expérimenté. À ce moment-là, même si vous traversez un moment d'obscurité, vous savez qu'il est là, immuable et tout votre être tendra vers ce retour intérieur. Cela, croyez-moi, fait toute la différence.

J'aimerais, pour finir ce chapitre, vous raconter une expérience personnelle. Je pratique depuis très longtemps la méditation au quotidien. La méditation basique, celle que l'on appelle encore « la pleine conscience ». Je me souviens de ce jour où, lorsque je me suis assise, je baignais dans mes pensées. J'étais mes pensées, je les nourrissais en passant de l'une à l'autre. Je leur accordais une réalité. Puis peu à peu leur flot s'est apaisé et je les voyais comme des paquets, des nuages qui passaient. J'ai réalisé qu'elles n'avaient pas de consistance, elles n'étaient pas réelles. C'était le même processus pour mes émotions. Elles passaient et ne duraient pas alors que, dans mon quotidien, elles existaient dans la durée. Je suis restée un moment à observer ce processus jusqu'à ce que pensées et émotions s'effilochent et s'arrêtent et qu'un état intérieur de calme émerge. Je dis bien émerge, car cet état était déjà là. Non seulement il était déjà là, mais j'ai senti un imperceptible sourire sur mes lèvres. Puis au-delà de ce sourire, j'ai senti la Joie. Cette Joie simple, profonde, l'Essence de l'Être qui jamais ne nous quitte, mais qui est juste obscurcie par la production de notre mental.

LE SUCCÈS ET LA RÉUSSITE PASSENT PAR CET ÉTAT INTÉRIEUR.

Ramer à contre-courant ; certaines personnes seraient-elles nées pour réussir et d'autres pour ... ?

Tellement de personnes souhaitent réussir, mais accumulent insuccès sur insuccès, si ce n'est échec sur échec. Est-ce qu'il y aurait des personnes qui seraient nées pour réussir et d'autres pour échouer ? Avouez que si c'était le cas, il y aurait beaucoup d'injustice. Et si tout dépendait d'une attitude intérieure et d'une manière de voir les choses ?

On veut parfois aller dans une certaine direction et l'on rencontre obstacle sur obstacle. J'ai accompagné beaucoup de personnes qui vivent cela et en concluent que : « c'est que ça ne devait pas se faire ». Personnellement, je trouve cette conclusion un peu rapide. Dans les courants du développement personnel, j'ai rencontré énormément de personnes dont le discours se résume à « ça devait se faire ou ça ne devait pas se faire. » Cela me donne l'impression d'une force extérieure soufflant sur les voiles de notre vie pour nous guider là où bon lui semble. Ça paraît formidable lorsque nous adhérons à la direction, mais quand ça n'est pas le cas, que de frustrations nous accumulons.

N'OUBLIEZ-PAS, TOUT EST VIBRATIONS. L'UNIVERS REÇOIT VOS VIBRATIONS ET C'EST CET ÉTAT VIBRATOIRE QUE NOUS MANIFESTONS.

En fait, il s'agit d'un processus qui est simple. Vous avez un rêve, un désir..., vous êtes en congruence avec qui vous êtes profondément. Vous allez engager votre énergie dans ce sens et c'est là que ça risque de se gâter parce que vous allez vers quelque chose de nouveau, d'inconnu. De là va instantanément naître la phase « émotionnelle » du projet. Dans le meilleur des cas, vous rencontrez enthousiasme et joie et tout sera fluide. Même s'il y a des difficultés, vous conserverez votre cap et les difficultés ne seront qu'un nuage qui traverse votre ciel. Dans le cas contraire, les émotions comme la peur et les doutes vont émerger et l'emporter en vous déstabilisant. Ce sont les mécanismes de résistance qui répondent au côté limitatif de votre être. Doutes, croyances (voire croyances héritées depuis plusieurs générations), peurs... vont entraîner des mises en échec avec des phénomènes d'auto-sabotage, d'actes manqués... Tout cela va vous empêcher d'aller de l'avant et si vous ne faites rien pour lever ces blocages (résistances), vous risquez de stagner, voire de revenir en arrière. C'est à ce niveau que vous ramez à contre-courant, vous n'écoutez plus ce désir intérieur qui vous porte parce que ce désir est toujours là. Il nous appartient d'être conscient de ces résistances pour pouvoir les lever car vous fonctionnez sur un champ restreint et de restrictions afin de passer des anciens paradigmes aux nouveaux.

Ces résistances ont toujours une racine archaïque qui est au niveau émotionnel, c'est-à-dire cerveau limbique (émotions) et reptilien (sensations). Chaque fois que vous restez connecté à votre désir, vous êtes également sur ces niveaux, mais sur la polarité constructive. Conserver en toile de fond cette polarité est nécessaire lorsque vous allez lever les blocages.

J'ai passé des années à « travailler sur moi » pour utiliser un terme consacré. Certes, toutes ces années de thérapie m'ont permis d'acquérir une solide structure à laquelle s'est ajoutée ma formation en psychologie. Cependant, aujourd'hui, je m'aperçois que je ne regardais pas là où il fallait. J'ai cherché les causes à l'extérieur : histoire parentale… Bref, j'ai fait comme vous faites. Ce qui est certain c'est que :

VOUS NE CHANGEREZ JAMAIS VOTRE HISTOIRE, MAIS LA LECTURE QUE VOUS EN AUREZ ET LA MANIÈRE DE VOUS POSITIONNER PAR RAPPORT À ELLE FERONT TOUTE LA DIFFÉRENCE.

En résumant, combien d'entre nous pensent que si nous sommes ainsi, c'est parce que nous avons vécu tel ou tel traumatisme. Réfléchissez un instant et prenons l'exemple suivant : deux frères qui ont deux ans de différence (donc presque au même âge) perdent leur mère. L'un des deux présente ce que l'on appelle un traumatisme qui va par exemple se manifester par des peurs, un manque de confiance. L'autre va aller de l'avant et on dira de lui qu'il a confiance dans la vie. Cette caricature n'est pas rare : deux personnes ayant vécu la même histoire ne vont pas réagir de façon identique. Ce n'est pas l'événement qui génère des difficultés, mais la manière dont on y répond, et cela bien sûr de façon inconsciente.

Qu'est-ce qui fait que de deux frères dont le père est alcoolique, l'un prendra le penchant de l'alcool et l'autre pas ? Il y a des facteurs internes propres à chaque personne et je reste persuadée que l'on peut toujours inverser la tendance. Tout se passe au niveau des cerveaux limbique et reptilien et ce, en positif comme en négatif. En positif, c'est la fluidité et l'énergie qui nous permet de nous ouvrir et nous pousse à engager des actions, en négatif, ce sont tous les freins (résistances).

Le carburant de la réussite se trouve ici. Si vous voulez réussir, avancer, vous ne pouvez pas seulement vous situer au niveau de la pensée rationnelle (le cortex), vous devez tenir compte des cerveaux émotionnel et reptilien qui sont les vrais moteurs (ou freins) de l'action et du changement. Tout se passe à cette racine. En positif, vous avancez sans encombre, en négatif, avec vos conflits intérieurs, appelés résistances.

LE PROBLÈME
N'EST PAS LES CONFLITS
INTÉRIEURS QUE VOUS RENCONTREZ,
MAIS LE FAIT DE RESTER SUR CE NIVEAU.
RAMER À CONTRE-COURANT CONSISTE À ALLER
DANS LE SENS DE VOS FREINS PLUTÔT QUE DANS
CELUI VERS LEQUEL VOUS VOUDRIEZ ALLER.
SOUVENEZ-VOUS QUE L'ÉCHEC
N'EST QU'UN JUGEMENT DE VALEUR.
REGARDER VOTRE VIE À PARTIR DE CE À QUOI
VOUS ASPIREZ RÉTABLIT LE SENS
DU COURANT ET VOUS PERMET
DE CHANGER DE PARADIGME.

Nous sommes à la fois question et réponse comme la légende suivante sur laquelle je vous invite à méditer le montre :

Une vieille légende hindoue raconte qu'il y eut un temps où tous les hommes étaient des dieux. Mais ils abusèrent tellement de leur divinité que Brahma, le maître des dieux, décida de leur ôter le pouvoir divin et de le cacher à un endroit où il leur serait impossible de le retrouver. Le grand problème fut donc de lui trouver une cachette.

Lorsque les dieux mineurs furent convoqués à un conseil pour résoudre ce problème, ils proposèrent ceci : « Enterrons la divinité de l'homme dans la terre. » Mais Brahma répondit : « Non, cela ne suffit pas, car l'homme creusera et la trouvera. »

Alors les dieux répliquèrent : « Dans ce cas, jetons la divinité dans le plus profond des océans. »

Mais Brahma répondit à nouveau : « Non, car tôt ou tard, l'homme explorera les profondeurs de tous les océans, et il est certain qu'un jour, il la trouvera et la remontera à la surface. »

Alors les dieux mineurs conclurent : « Nous ne savons pas où la cacher car il ne semble pas exister sur terre ou dans la mer d'endroit que l'homme ne puisse atteindre un jour. »

Alors Brahma dit : « Voici ce que nous ferons de la divinité de l'homme : nous la cacherons au plus profond de lui-même, car c'est le seul endroit où il ne pensera jamais à chercher. »

Depuis ce temps-là, conclut la légende, l'homme a fait le tour de la terre, il a exploré, escaladé, plongé et creusé, à la recherche de quelque chose qui se trouve en lui.

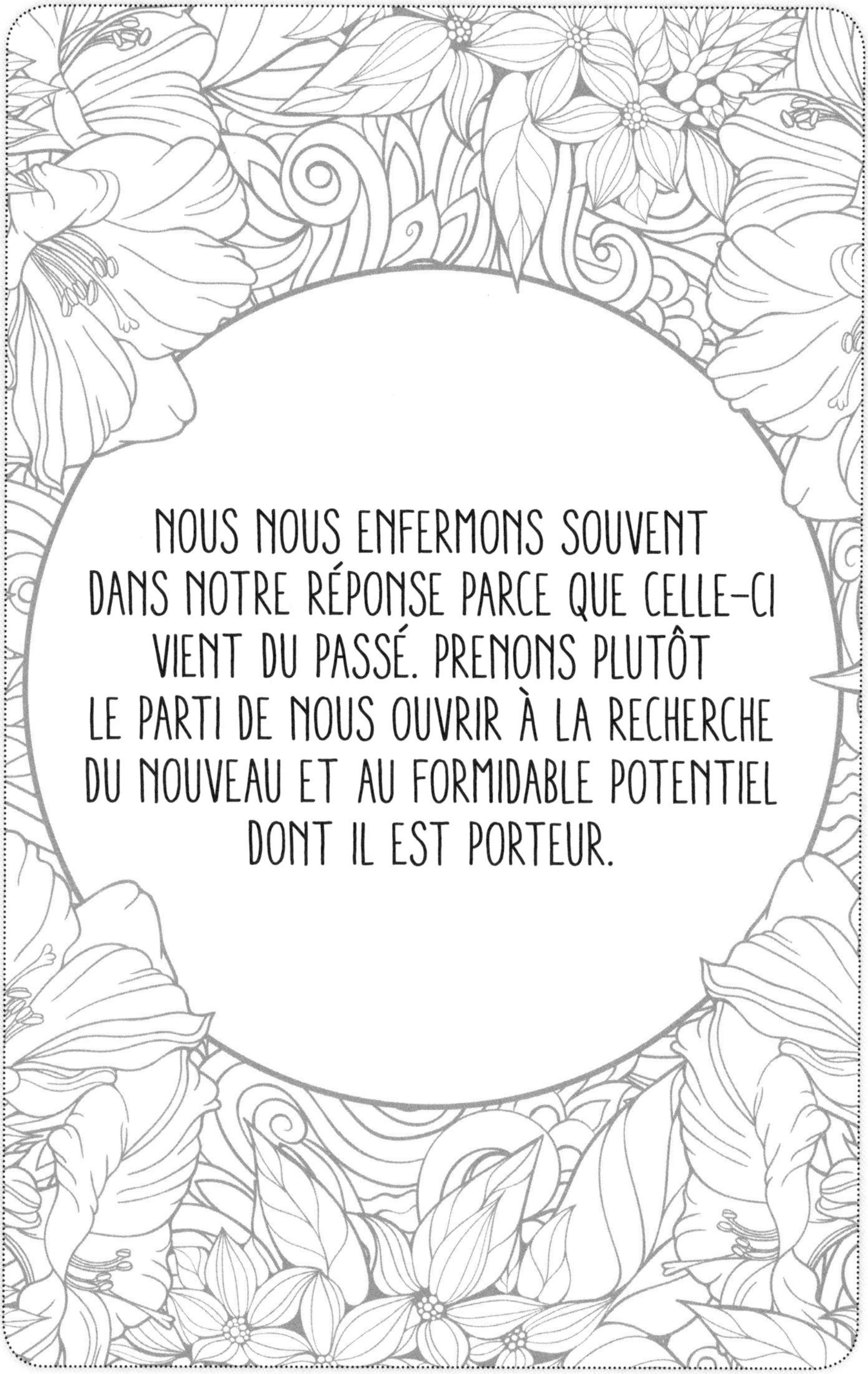

NOUS NOUS ENFERMONS SOUVENT
DANS NOTRE RÉPONSE PARCE QUE CELLE-CI
VIENT DU PASSÉ. PRENONS PLUTÔT
LE PARTI DE NOUS OUVRIR À LA RECHERCHE
DU NOUVEAU ET AU FORMIDABLE POTENTIEL
DONT IL EST PORTEUR.

VOUS ÊTES LA PERSONNE LA PLUS IMPORTANTE DE VOTRE VIE

« Nous sommes libres d'aller où bon nous semble et d'être ce que nous sommes. »

Richard Bach

Dans l'énergie que nous mettons à chercher la cause de notre mal-être à l'extérieur, nous nous perdons de vue. Nous faisons la même chose en cherchant la solution à l'extérieur. Le problème et son antidote sont à l'intérieur de vous. Comme je vous l'ai dit plus haut, ce n'est pas l'événement déclencheur, mais la manière dont vous allez y répondre. Et là encore, n'oubliez pas que c'est inconscient. On aimerait tellement que tout aille bien... Cela ne veut pas dire pour autant que votre vie doive être difficile. C'est différent de repousser ce qui se passe et attendre qu'une baguette magique transforme tout sans que nous ayons à nous impliquer et de s'engager vers nous-mêmes en étant conscients de qui nous sommes.

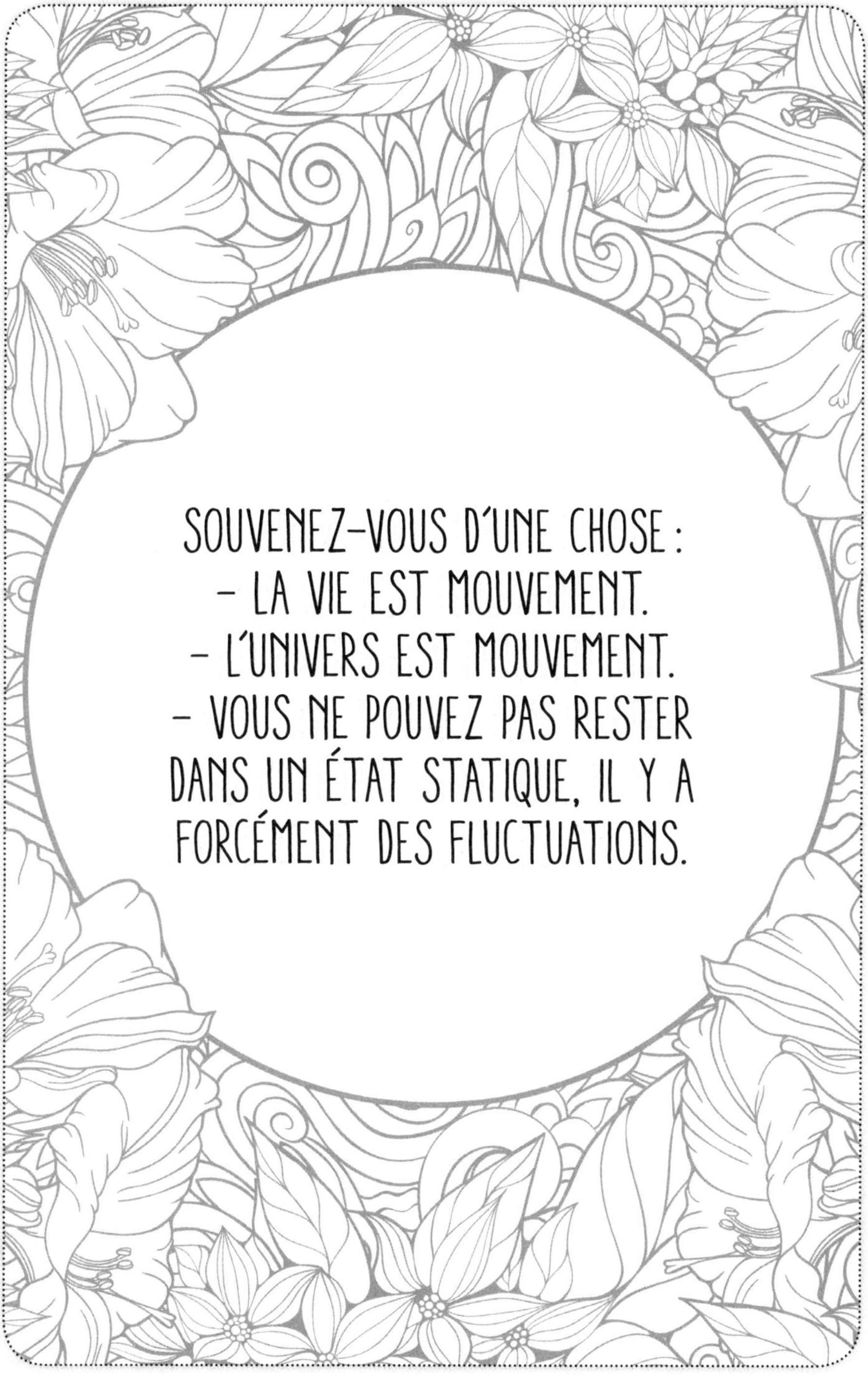

SOUVENEZ-VOUS D'UNE CHOSE :
- LA VIE EST MOUVEMENT.
- L'UNIVERS EST MOUVEMENT.
- VOUS NE POUVEZ PAS RESTER DANS UN ÉTAT STATIQUE, IL Y A FORCÉMENT DES FLUCTUATIONS.

Vous êtes la personne la plus importante de votre vie. Évidemment quelques années de culture judéo-chrétienne qui a pu vous apprendre que penser à vous est égoïste ne va pas forcément vous aider. La personne la plus importante de votre vie signifie que non seulement vous détenez votre solution, mais que pour aller dans le sens du bonheur et du bien-être, vous devez être conscient de qui vous êtes. En d'autres termes, cela veut dire être conscient de vos fragilités, de ce que vous pouvez considérer comme vos « faiblesses ». Ce n'est qu'à partir de là, que vous pourrez aller vers ce que vous voulez, sinon vous risquez d'activer vos défenses, ramer à contre-courant et vous éloigner de la personne que vous êtes.

La personne que vous êtes regroupe à la fois tous les aspects de force, mais aussi tous les aspects de fragilité. L'erreur que vous faites, c'est de vouloir éliminer ces derniers. Ces aspects de fragilité sont la perle dans l'huître. Malheureusement, on les réduit souvent à des faiblesses à combattre et à éliminer. C'est là que vous perdez de l'énergie et que vous ramez à contre-courant. Vous pouvez les transformer, mais pour une transformation efficace, il faut un constat préalable et un constat qui ne soit pas entaché de culpabilité. Tout le monde a des forces et des faiblesses, vous n'êtes pas le seul.

Le chemin de notre vie doit aller vers le bonheur et il passe par une profonde connaissance de soi. Les relations harmonieuses, la paix à l'extérieur… passent d'abord par soi et la connaissance de soi.

DEVENIR LA PERSONNE
LA PLUS IMPORTANTE DE VOTRE VIE
VOUS RAPPROCHE DE VOTRE ÂME.
DEVENIR LA PERSONNE LA PLUS
IMPORTANTE DE VOTRE VIE VOUS
PERMET DE DEVENIR UNE RÉELLE
CONTRIBUTION À CE MONDE
ET AUX AUTRES.

Pris dans la lutte contre nos problèmes, qui n'est autre que la lutte contre soi, on perd de vue ce qu'on veut. Il est absolument nécessaire de retrouver un espace de bien-être et de motivation personnelle.

LOI DE L'ATTRACTION ET SYNCHRONICITÉ

« Le bonheur est la seule chose qui se double si on le partage. »

Albert Schweitzer

Pour introduire ce thème, j'évoquerai ce que j'appelle le champ des possibilités.

Nous pénétrons ici dans un aspect plus subtil, plus spirituel, mais ce champ est directement relié avec votre désir d'être heureux et la manière dont vous allez vous y prendre.

Ce champ est comme une grande matrice magnétique. Vous possédez la vibration et cette dernière attire la vibration correspondante dans ce grand champ magnétique. Quelle vibration émettez-vous ? Regardez votre vie et vous le saurez.

SOUVENEZ-VOUS :
VOUS POUVEZ CHANGER
VOTRE VIBRATION.
NE CONFONDEZ PAS
VOTRE DÉSIR PROFOND
AVEC VOTRE VOLONTÉ
OU VOTRE ENVIE.

Ce champ est infini, il est Un et comporte tout.

Le domaine de l'esprit, c'est-à-dire les pensées et les émotions, sont le sas de « communication » avec ce champ.

En d'autres termes, vous ne pourrez recevoir que l'énergie correspondant à la fréquence que vous avez émise. Cependant, souvenez-vous que vous pouvez apprendre à travailler au niveau de l'esprit. Vous pouvez vous libérer de ces « bouchons » d'énergie que sont les émotions toxiques et les pensées qui vont avec.

Depuis quelques années, grâce au film *Le Secret*, adapté du livre de Rhonda Byrne, un travail orienté autour de la pensée s'est diffusé dans le monde en parlant de la loi de l'attraction. La loi de l'attraction résume ce que les enseignements traditionnels énoncent comme le fait que là où va la pensée va l'énergie.

Est-ce à dire que, simplement en changeant votre pensée, vous changez votre vie ? Oui et non car il y a des subtilités à saisir. Il n'est pas question de tomber dans la pensée magique ou dans la toute puissance, mais de comprendre que l'on peut changer notre vie et aller vers le bonheur auquel nous aspirons et auquel nous avons droit.

SI VOUS APPRENEZ À VOUS CONNAÎTRE,
SI VOUS VOULEZ VIVRE LE STYLE DE VIE
QUI VOUS REND HEUREUX, SI VOUS DÉCIDEZ D'ALLER
DANS LE SENS DE VOS DÉSIRS ET DE VOS RÊVES,
LA LOI D'ATTRACTION IRA DANS LE MÊME SENS QUE VOUS.
SI VOUS PENSEZ QUE LE BONHEUR C'EST POUR
LES AUTRES, QUE VOUS NE POUVEZ PAS ATTEINDRE
VOS RÊVES, SI VOUS CONTINUEZ À RAMER À CONTRE-
COURANT, LA LOI DE L'ATTRACTION IRA AUSSI
DANS LE MÊME SENS QUE VOUS.
EN CE QUI CONCERNE LA LOI DE L'ATTRACTION,
SOUVENEZ-VOUS DE QUELQUES POINTS :

– IL NE S'AGIT PAS DE FAIRE
LA POLITIQUE DE L'AUTRUCHE ET DE NIER
CE QUI NE VA PAS DANS VOTRE VIE, MAIS DE CHOISIR
LA MANIÈRE DONT VOUS ALLEZ Y FAIRE FACE
EN CULTIVANT UNE ATTITUDE CONSTRUCTIVE OU NON,
– IL NE S'AGIT PAS D'ATTENDRE QUE VOS MOINDRES
DÉSIRS SOIENT EXAUCÉS COMME PAR MAGIE,
– N'OUBLIEZ JAMAIS QUE VOUS ÊTES PARTIE INTÉGRANTE
DU MONDE ET DE L'UNIVERS ET QUE TOUT CE QUE VOUS
ENGAGEZ EST UNE ÉNERGIE QUI VOUS REVIENDRA,
– SOUVENEZ-VOUS TOUJOURS QUE VOUS ÊTES
AU SERVICE DE L'UNIVERS POUR EN RÉVÉLER
TOUTE SA SPLENDEUR ET QUE L'UNIVERS
RÉVÉLERA ALORS TOUTE
VOTRE SPLENDEUR.

Pour fonctionner la loi d'attraction a besoin de votre accord. Si votre accord est dans un sens restrictif, c'est ce que vous vivrez, si votre accord va dans le sens de la prospérité, de l'expansion, c'est ce que vous vivrez.

SOUVENEZ-VOUS D'UNE CHOSE, L'UNIVERS N'ENTEND PAS VOS MOTS, MAIS IL REÇOIT UNE VIBRATION ET C'EST CETTE VIBRATION QUE VOUS ÉMETTEZ QUI FAIT TOUTE LA SUBTILITÉ DU RÉSULTAT DE LA LOI D'ATTRACTION. CETTE VIBRATION EST COMPOSÉE NON SEULEMENT DE VOTRE PENSÉE, MAIS DE VOS SENTIMENTS ET DE VOS ÉMOTIONS. C'EST À CE NIVEAU QUE VOUS DEVEZ TRAVAILLER, C'EST-À-DIRE DANS LA DYNAMIQUE DE L'ÉNERGIE. LA LOI DE L'ATTRACTION NE CONSISTE SURTOUT PAS À TOUT CONTRÔLER. ET SURTOUT ET ENFIN, VOUS DEVEZ LAISSER LE CHAMP LIBRE À L'UNIVERS POUR QUE PUISSE S'IMMISCER DANS VOTRE VIE « LE HASARD ».

Tout votre chemin pour changer votre vie va donc vous demander de :

ACCORDER VOS PENSÉES,
VOS ÉMOTIONS ET VOS SENTIMENTS.
L'EXTÉRIEUR RÉPOND EXACTEMENT
À VOTRE INTÉRIEUR.
LE SECRET DE LA LOI DE L'ATTRACTION,
C'EST LA FORCE QUI IMBIBE VOTRE RÊVE.
VOTRE RÊVE REPOSE SUR LE SENS
QUE VOUS VOULEZ DONNER À VOTRE VIE.
LE SENS DE VOTRE VIE DOIT ÊTRE SOUTENU
PAR LA JOIE ET L'ENTHOUSIASME.
VOS PENSÉES ET VOS ÉMOTIONS
DOIVENT ÊTRE EN ACCORD.
VOUS DEVEZ LÂCHER LE CONTRÔLE POUR
ÊTRE DANS LE LÂCHER-PRISE.

L'approche quantique ou quand la science nouvelle rentre en résonance avec des savoirs ancestraux

Si aujourd'hui, la loi de l'attraction répond à une mode, comme je vous le disais plus haut, ça n'est pas nouveau. Elle est souvent présentée de manière simpliste en laissant de côté une dimension fondamentale qui est présente dans les textes traditionnels, mais également en psychologie. C'est en particulier le psychiatre suisse Carl Jung qui a mis en avant le concept de synchronicité : « J'entends par synchronicité les coïncidences, qui ne sont pas rares, d'états de fait subjectifs et objectifs qui ne peuvent être expliquées de façon causale, tout au moins à l'aide de nos moyens actuels. »[1] Même si ce concept est remis en cause par la psychologie clinique, ce qui nous intéresse ici est que le principe de synchronicité pose un défi à la question de la causalité.

La synchronicité met en relation deux éléments sans cause apparente (acausalité), ni relation au temps (atemporalité) et pourvus d'une signification subjective car l'événement ne prend sens que pour la personne qui la perçoit ou la vit ; elle est souvent en rapport avec les archétypes (champs d'énergie). Nous sommes là dans un domaine beaucoup plus vaste au niveau spirituel. Hubert Reeves, astrophysicien, dit à ce sujet :

« Le plan acausal sous-jacent à l'existence des lois de la nature serait celui où s'inscrirait la question du « sens » ou de l'« intention » dans la nature et où la conscience de l'homme s'inscrirait dans son évolution : les événements synchronistiques seraient significatifs de l'unité de l'univers… »[2]

1. C. G. Jung, *Les Racines de la conscience* (1954).
2. H. Reeves, *La synchronicité, l'âme et la science* (1990).

Ce qui me semble intéressant à retenir pour le sujet de ce livre, c'est ce rapprochement entre notre être intérieur et l'extérieur en termes de « réponse » à notre manière de penser (au sens large du terme), cela passant par la dynamique d'énergie que nous investissons de manière consciente ou non (soutenue par notre état intérieur, fait de nos pensées et émotions).

Elle justifie pour moi ce lien que nous entretenons avec l'Univers, avec plus grand que nous.

On entre dans une conception quantique de l'univers et de notre rapport avec ce dernier. Aujourd'hui, les nouvelles approches au niveau de la psychologie nous permettent de sortir du champ de la causalité pour entrer sur une globalité et des champs vibratoires. C'est dans ces approches que je me situe, et j'aimerais juste montrer une évolution au niveau de la psychologie. C'est à la fin du XIXe, début du XXe siècle, qu'en Occident, notre rapport avec notre monde intérieur a été mis en avant grâce à … Freud. Un autre personnage de référence, légèrement antérieur à Freud et dont ce dernier s'est inspiré dans une part de ses travaux est le Docteur Charcot. Éminent neurologue, il s'est illustré par ses travaux autour de l'hypnose. C'est dans le domaine de la recherche médicale que le lien avec l'inconscient s'est fait. Certes avec les limites de l'époque, mais l'on ne peut nier qu'il s'agissait d'un énorme pas.

Par la suite le rapport avec notre monde intérieur, toujours nommé l'inconscient, s'est enrichi avec Jung, élève puis dissident de Freud. Jung a élargi la notion de l'inconscient en passant du personnel au collectif. Il a introduit la notion des archétypes et, comme indiqué plus haut, de synchronicité. Dans le cadre de ses recherches et de ses expériences personnelles, il a étudié des textes orientaux et l'alchimie ce qui a donné à son œuvre une dimension spirituelle. Une autre figure de la psychologie me semble incontournable à citer, Françoise Dolto. Tout ce qui aujourd'hui relève de ce que l'on appelle le transgénérationnel (ou psychogénéalogie) a été mis en évidence par son travail avec les enfants et les familles. Tous ces chercheurs et théoriciens ont influencé les courants actuels de la psychologie en mettant en évidence certains aspects. Au niveau de la psychologie *stricto sensu*, se côtoient le côté clinique et de nouvelles approches teintées de courants orientaux, de l'école de Palo Alto… Dans ces nouveaux courants, je citerai la psychologie énergétique avec les approches méridiennes[1] comme l'EFT (*Emotional Freedom Techniques*, c'est-à-dire « Techniques de Libération émotionnelle »). La dynamique de la psychologie énergétique repose sur le fait que toute émotion négative entraîne une perturbation du système énergétique. De manière rapide, on dira qu'elle vise à rétablir un équilibre au niveau énergétique et une transformation des émotions. Toujours dans les nouveaux courants, la psychologie positive apporte une vision différente et complémentaire de la psychologie clinique en utilisant des techniques comme la méditation qui permettent à l'individu d'aller renforcer ses ressources internes positives. Toutes ces nouvelles approches ont influencé le développement personnel notamment en termes d'énergétique et de transpersonnel. La dimension spirituelle au sens large du terme me semble émerger au cœur de ces approches, même si elle n'est pas reconnue comme telle. Ce que l'on appelle les mémoires cellulaires entrent dans ces nouvelles approches et s'insèrent dans une vision quantique de l'homme et de l'Univers. Or cette dimension est non seulement mise en avant par la science de manière de plus en plus forte actuellement avec la physique quantique et les recherches menées

1. Les thérapies méridiennes couplent les recherches en neurosciences et la vision des méridiens d'acupuncture de l'énergétique chinoise.

dans ces domaines, mais surtout, ce qui est mis en évidence ce sont tous les contenus des anciens textes traditionnels indiens et chinois. Tout ce qui est actuellement mis en avant par la physique quantique auprès du grand public a été clairement évoqué dans ces anciens textes et constitue le fondement des philosophies orientales. Je tenais à faire ce parallèle car ce lien avec notre monde intérieur ne date pas d'aujourd'hui. Il a fallu et il faut encore qu'il passe chez nous par un côté cartésien, de recherche scientifique… parce que nous sommes séparés de notre Être. Ce rapport avec notre être intérieur a évolué au cours du temps, teinté selon les époques d'une orientation ou d'une autre, mais il n'est pas nouveau.

Le point fondamental, à mon avis, est que tout est vibrations, que l'Univers est vibrations, que nous sommes vibrations. Que nos pensées et nos émotions sont des états vibratoires. Tout ce qui vibre sur la même fréquence s'attire. Je prends souvent cet exemple du poste de radio. Connectez-vous sur France Musique, vous n'obtiendrez pas la BBC. Nos pensées et émotions, qualifiées de négatives, comme les peurs, la colère, la jalousie, le doute… sont des basses fréquences dont la vibration est lourde. Tout ce qui nous rapproche de l'enthousiasme et de la joie sous tous ses aspects a une qualité vibratoire plus légère et plus haute.

Sans faire la politique de l'autruche, cultivez un état vibratoire léger et votre vie changera. Faire la politique de l'autruche, c'est nier nos émotions lourdes, ce qui les renforce. Ce qui les renforce également, c'est de les nourrir. Ce qui veut dire que vous pouvez changer beaucoup de choses dans votre vie en changeant votre état intérieur. Changez votre état intérieur pour alléger votre vie.

Lorsque nous nous attachons à la causalité lorsque quelque chose se manifeste dans notre vie, nous remontons à une cause qui elle-même a une autre cause..., nous n'en finissons pas car nous sommes sur la même vibration. Pour en sortir, il est nécessaire de sortir de la vibration, alors la manifestation changera. Mais vous devez laisser le champ libre à l'Univers, appelez-le « le hasard », pour s'immiscer dans votre vie. C'est parfois ce « petit détail » que nous oublions et qui nous entraîne dans des voies de garage.

LA RELATION PASSÉ-FUTUR

« Ne t'écarte pas des futurs possibles avant d'être certain que tu n'as rien à apprendre d'eux. »

Richard Bach, *Jonathan Livingston, le Goéland*

Un peu plus haut, nous avons vu que l'on envisage les solutions dans un espace qui appartient au passé. Pourquoi ? Parce que nous nous appuyons sur notre expérience et celle-ci est nécessairement derrière nous. Non seulement cela, mais nous envisageons les choses à partir de notre mental, c'est-à-dire de notre point de vue qui est, avouons-le, extrêmement restreint. Notre expérience s'appuie sur notre vécu et nous avons beaucoup de mal à envisager autre chose. Bien sûr, nous disons que nous voulons autre chose, cependant, au fond de nous, il y a un espace qui nous tire en arrière et c'est comme une petite voix qui nous dit que ça n'est pas possible, qu'on y arrivera pas... Ce sont ce que l'on appelle nos résistances au changement qui, bien sûr, ne sont pas volontaires, mais répondent à nos expériences qui ont fait que l'on a construit une vision du monde conforme à ces expériences. Et bien sûr, les expériences que nous vivons répondent à notre vision du monde. C'est un peu schématique, mais c'est sur cette dynamique que nous construisons les répétitions dans nos vies, et que le changement a du mal à pointer le bout de son nez. Il a du mal à pointer son nez car nous cherchons les solutions avec ce que nous connaissons et à partir de notre mental.

Nous cherchons à être mieux, à changer, mais toujours avec la même référence parce que, en réalité, nous luttons contre ce qui se passe. C'est pour fuir cette douleur, cette insatisfaction que nous voulons changer.

Le point de renversement est l'acceptation.

L'acceptation est un arrêt sur image. Cet arrêt est nécessaire pour un état des lieux. Cet arrêt que nous offre l'acceptation nous met en relation avec une dimension capitale de notre vie : l'instant présent.

L'acceptation nous met en contact avec l'instant présent.

C'est aussi dans cet instant que nous pouvons abandonner le mental et accéder à un autre espace d'où émergera la solution.

J'aime représenter l'univers comme un mandala[1], avec un cercle et un centre. Le centre est un point. Le point condense tout, il contient tout. S'arrêter, saisir l'instant présent, c'est avoir la possibilité de se connecter avec cet espace qui contient tout, toutes les possibilités, bien au-delà de nous, de notre mental, de notre ego. Dans cet espace nous sommes en dehors du temps que nous connaissons, nous sommes dans un temps « hors temps ». À partir de là, la fluidité, le mouvement peut opérer dans notre vie. Bien sûr, peut-être pas comme nous l'avions imaginé puisque nous l'avions imaginé à partir de notre passé.

1. Cf. mon livre, *Mandala : Au fil des saisons*, Dangles, 2011.

L'INSTANT PRÉSENT
CONTIENT LE CHAMP INFINI
DES POSSIBILITÉS NON SEULEMENT
EN TERMES D'EXPÉRIENCES, MAIS AUSSI
DE RESSOURCES INTÉRIEURES.
L'INSTANT PRÉSENT EST L'INSTANT
DU CHANGEMENT.

Accepter, savoir s'arrêter, laisser l'instant présent être, c'est se connecter à notre Être, et permettre que puisse émerger toute la puissance qui est là.

C'est de cet espace, de cette dimension que des solutions se font jour, qu'un réel changement, une transformation peut s'opérer. Cela vous demande de laisser de côté notre mental et notre côté analytique.

Cet instant présent vous permet de rejoindre ce que j'appelle le point zéro. Tout y est possible, à hauteur de votre foi.

Pourquoi cette restriction ? Parce que c'est celle que nous mettons nous-mêmes sous la forme de doutes... C'est un peu comme si l'énergie primordiale, nous la puisions à cette Source, à ce point zéro. Elle est neutre et non entachée de jugements, que ceux-ci soient positifs ou négatifs. Elle va se teinter au fur et à mesure qu'elle va descendre vers notre plan matériel et traverser les différentes couches de notre être.

Mais alors, cela voudrait-il dire que, même en vivant l'instant présent et en nous connectant à cet espace, nous ne pourrons jamais changer ? Certainement pas. C'est un paramètre qui va faire la différence : le cœur. Non pas le cœur organe physique, mais la dimension du cœur. Cet espace de notre être relie la dimension spirituelle à la dimension matérielle. Notre cœur, en termes d'espace, pulse toujours en résonance avec ce point le plus haut. Évidemment vous n'en avez pas conscience parce que c'est subtil. Cependant, vous pouvez vous en rendre compte dans votre vie par ce sentiment de ne pas être aligné, par les émotions qui vous dominent sur un mode « séparateur ». Nous cherchons à l'extérieur une foule de compensations alors que tout est en nous, mais que nous ne savons pas y regarder et surtout que nous ne prenons pas ce temps. Nous remettons aux autres le soin de nous relier à nous. L'autre ne peut que nous aider à retrouver cette fluidité qui est en nous. Lorsque nous sommes dans cet espace, alors nous pouvons orienter notre vie différemment et comme le dit si bien l'alchimiste « tout l'univers conspire à te permettre de réaliser ton désir ».

NOTRE DÉSIR
EST EN RELATION AVEC
L'ESPACE DE NOTRE CŒUR.
L'ESPACE DE NOTRE
CŒUR PULSE AU RYTHME
DE NOTRE DÉSIR.

Je vous propose de regarder le schéma suivant

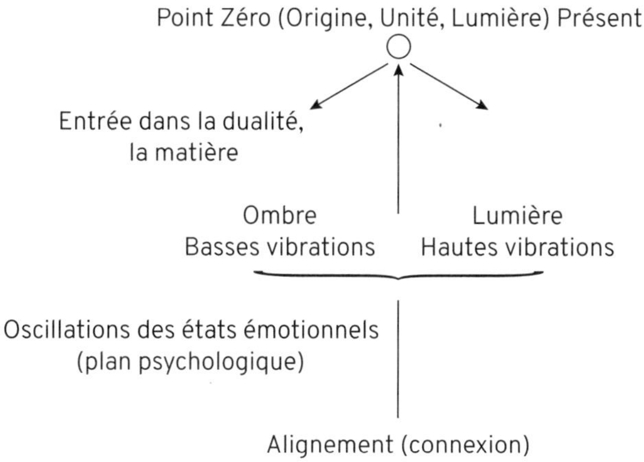

La voie du Zéro Limite

Nous vivons dans la dualité. Nous entrons dans la dualité à partir du moment où nous entrons dans la matière, où nous nous incarnons. Le monde de la manifestation est duel. Cependant nous pouvons vivre cela d'une façon plus ou moins harmonieuse, avec plus ou moins d'écart entre les deux pôles.

Pour comprendre cet écart, nous allons revenir au monde de nos émotions. Une émotion est avant tout un état vibratoire. Comme nous l'avons vu, les émotions que l'on appelle négatives n'ont rien de négatif de manière intrinsèque, c'est l'état vibratoire que nous ressentons qui est lourd, qui nous limite, qui fait que nous qualifions ces émotions de négatives. Les émotions sont des archétypes, sortes de noyaux d'énergie. Cette énergie possède deux pôles, encore appelés polarités. L'une va être considérée comme positive et l'autre comme négative. Nous allons prendre l'exemple de la peur.

La peur est un archétype que vous retrouvez dans tous les contes sous la forme de la quête notamment. Que va-t-il falloir au héros ? Il va lui falloir dépasser cette peur en développant le courage et la confiance qui s'élaboreront au fur et à mesure des différentes péripéties. Retraduite en termes d'énergie, la peur est la polarité limitante d'un archétype qui est celui de la confiance.

Chaque fois que vous dites : « je n'ai pas confiance en moi », vous êtes sur la polarité de la peur. Imaginez que vous ayez un curseur que vous pouvez promener sur une certaine amplitude, à gauche vous allez positionner la peur et, sur la même ligne, à l'autre extrémité, la confiance.

Peur ←——————→ Confiance

Plus l'amplitude entre les deux polarités sera grande, plus vous allez ressentir la polarité négative lorsque vous fonctionnerez sur ce type de vibration.

Un autre point important, voire capital pour moi, est de comprendre que la polarité négative n'existe qu'en relation à la positive. Ce qui veut dire que nous sommes sur une même dynamique, mais l'une dans une vibration basse et limitante et l'autre dans une vibration haute, d'ouverture. N'oubliez pas que plus vous êtes dans l'ouverture, plus vous pouvez entrer en contact avec le champ des possibilités, l'Univers…

On pourrait comparer cela à la dynamique de l'ombre. Je développerai ici ce concept, non pas dans un cadre jungien, mais dans la dynamique de l'ombre en référence à la lumière. Si vous entrez dans une pièce sombre et que vous appuyez sur l'interrupteur, vous verrez clair. La lumière prédomine sur l'obscurité. Cela me semble important à retenir car, pour moi, chaque fois que nous sommes sur une polarité limitante, c'est comme si nous étions dans l'obscurité. Ce qui veut dire que lorsque nous voyons nos limitations comme par exemple la peur, nous ne voyons pas qu'elle est une polarité d'un même noyau d'énergie dont l'autre polarité est la confiance. C'est comme si la confiance était quelque chose d'extérieur, quelque chose d'autre. Alors qu'elle est déjà en nous, mais que nous n'en reconnaissons pas la fréquence vibratoire.

Chaque fois que nous nous situons sur les polarités « positives », nous augmentons notre niveau d'énergie. Et l'on s'en rend compte très facilement parce que tout nous semble plus facile, plus léger, on se sent mieux. Plus on est sur ces espaces-là, plus on se rapproche de la vibration de l'Univers et de notre accord avec elle.

Au-delà de cet espace de polarités, il y a une zone « neutre ». C'est celle qu'on appelle Zéro Limite quand on évoque la technique de Ho'oponopono, la tradition sociale et spirituelle de repentir et de réconciliation des anciens guérisseurs hawaïens. C'est aussi cet espace que l'on rencontre dans certains états de méditation. C'est-à-dire que c'est l'espace d'où tout émerge et où tout revient. J'aime à l'appeler le point zéro ou encore l'espace des infinies possibilités.

Pourquoi le point zéro ? Parce que le zéro est représenté par un cercle qui peut s'étendre à l'infini et qui, si on le rétrécit, devient un point. Le point concentre tout. On est ici en relation avec la Source, l'Instant. Dans cet espace, on est au-delà du temps et de la matière. Nous sommes dans la Verticalité. Dans la grande Respiration du Temps et du Hors Temps et espace. Dans nos états ordinaires de conscience, nous sommes toujours dans l'espace de dualité à partir duquel nous créons, de manière consciente ou inconsciente, dans une relation passé/futur. Nous fonctionnons « à l'horizontale », dans une linéarité. Ce qui veut dire que nous envisageons notre futur avec notre expérience du passé.

Lorsque nous sommes dans l'instant présent et en connexion avec cet Espace, nous pouvons créer autre chose et les anciennes programmations peuvent s'annuler. Dans cet espace nous sommes au-delà du mental. Ce n'est plus notre ego, notre mental, nos émotions qui contrôlent.

Cependant nous cherchons souvent à neutraliser le côté de la polarité « négative ». En faisant cela, nous l'alimentons car nous y apportons de l'attention. Si on reprend l'exemple de la peur, elle appartient à l'espace énergétique de la confiance comme si elle en représentait la zone obscure.

Quant à la colère et la haine, elles sont les polarités « négatives » de la paix. On est sur le même champ d'énergie, l'un se situant dans des vibrations basses, voire extrêmement basses et l'autre sur des vibrations hautes et lumineuses. Si vous êtes en contact avec votre ressenti, vous vous apercevrez que chaque fois que vous êtes plus sur le côté des vibrations basses, vous vous sentez lourd, alors que lorsque vous êtes sur une haute vibration, vous vous sentez bien. Chaque fois que vous êtes sur ce type de vibration, vous vous rapprochez de votre être profond, de votre axe, de votre Source. Dans le cas contraire, vous êtes « hors de vous », décentré. Plus vous serez sur la vibration haute, comme celle de la paix, plus l'autre diminuera, non seulement en vous, mais autour de vous dans le monde. Pourquoi cela ? Parce qu'on est dans un espace vibratoire, sur un archétype, sur une onde d'énergie et que l'onde se propage. La lumière illumine les ténèbres, ne l'oubliez pas.

Se libérer du passé

« Chaque victoire augmente notre assurance et notre expérience, elle nous rend plus fort et plus apte à faire face à ce qui est nouveau. Nous augmentons notre attitude positive car nous enregistrons dans notre subconscient que nous avons réussi. »

W. Clement Stone, *Le système infaillible du succès*

Tout n'est pas écrit d'avance. Nous sommes des êtres faits d'énergie physique et subtile, nous vivons dans un monde d'énergie. L'adage « connais-toi toi-même et tu connaitras l'Univers et les Dieux » est parvenu jusqu'à nous depuis l'Antiquité. Qu'en faisons-nous ? Et si se connaître était le moteur de notre évolution, de notre transformation et de notre Bonheur ? Grâce à une connaissance de soi bien menée et l'application de certains principes, encore appelés Lois Universelles, nous pouvons changer bien des choses dans notre vie.

POUR TOUS CEUX QUI NE SAVENT PAS CE QU'ILS VEULENT

Avez-vous remarqué que beaucoup de personnes savent ce qu'elles veulent, qu'elles ont des projets. Et vous, vous ne savez pas ce que vous voulez et vous avez l'impression de vous sentir seul car ce qui attire votre attention, ce sont les autres, toutes ces personnes qui savent ce qu'elles veulent. Vous avez l'impression de rester sur le bas-côté de la route alors que la vie défile.

Tout d'abord, sachez que vous n'êtes pas tout seul dans ce cas. Il y a beaucoup de personnes qui ne savent pas ce qu'elles veulent ou, du moins, qui disent qu'elles ne savent pas ce qu'elles veulent. Lorsque vous appartenez à ce groupe, vous avez plutôt tendance à penser que les choses se présentent mal pour vous car vous êtes dans une sorte de vide, comme si aucune idée ne vous venait en tête.

Et bien sachez qu'il existe deux manières d'être et que ces deux manières répondent à une loi qui est celle que j'appellerais de la complémentarité. Cette « loi de complémentarité », c'est celle qui fait qu'il y a des hommes et des femmes qui ne s'opposent pas, mais qui se complètent grâce à des fonctionnements différents... C'est aussi cette loi qui fait qu'il y a le jour et la nuit et que le jour porte plus à l'action alors que la nuit est le moment du repos. Ces deux moments se complètent également car nous avons besoin de ces deux temps que sont l'action et le repos.

Il existe deux énergies qui se complètent. L'une porte à l'action, l'autre à la réception. En termes de polarité, l'une est masculine et l'autre féminine. C'est ce que l'on peut encore appeler le Yang et le Yin. Ces deux énergies alternent pour créer un mouvement. Lorsque vous portez votre regard sur les personnes qui savent ce qu'elles veulent, c'est comme si vous ne regardiez que le pôle d'activité, que le Yang, sans prendre en compte l'autre côté. Car ce que vous ne savez pas, c'est que vous ne pouvez pas être uniquement dans l'activité ou dans la réceptivité. C'est pour cela que, dans le symbole du Tao, encore appelé le Yin et le Yang, il y a le petit cercle de la couleur opposée qui rappelle cette dynamique. Dans ce concept, nous sommes à la fois l'un et l'autre.

En psychologie jungienne, on va retrouver le même principe. L'homme, de polarité masculine, possède une polarité intérieure, psychique, qui elle est féminine et qu'il doit apprendre à incarner. Inversement, la femme, de polarité féminine, possède une polarité intérieure masculine qu'elle doit également apprendre à incarner.

Ce concept fondamental nous offre une vision différente en ce qui concerne la manière d'être des personnes. Notre société qui prône les objectifs et la performance fonctionne sur une polarité reliée à l'action. On sait ce qu'il en résulte, notamment au niveau professionnel où un mal-être grandissant envahit les entreprises. Cette recherche d'objectifs conduit les personnes à fonctionner sur une modalité d'action exclusive, voire même de réaction. On a laissé de côté le facteur humain. Or ce facteur humain est indispensable à toute véritable réussite, même si pendant quelque temps, on peut constater des résultats et penser que l'on peut oublier ce facteur. Dans le domaine professionnel, cette manière d'agir est au détriment de la santé des individus qui perdent en qualité de vie parce qu'ils perdent qui ils sont. Au fil du temps, c'est la santé de l'entreprise qui est en jeu. Actuellement on peut constater deux choses au niveau professionnel : un mal-être grandissant des personnes autant dans le secteur public que dans le privé, et une quantité accrue de personnes qui envisagent de créer leur propre affaire. C'est comme si nous n'étions que des « faires humains ». Nous sommes des êtres humains et nous devons revenir à notre intériorité, cesser d'être perpétuellement dans le faire pour que l'alternance puisse exister entre être et faire.

Quand on constate qu'il y a autant de personnes qui ne savent pas ce qu'elles veulent, on pourrait avoir tendance à penser qu'elles manquent de ressort, voire que leur pulsion de vie n'est pas assez forte.

Si vous ne savez pas ce que vous voulez, c'est parce que vous ne fonctionnez pas sur le mode de l'action, mais de la réceptivité. Il suffit de changer votre angle de vision. Ce que vous voyez, ce sont ceux qui savent ce qu'ils veulent en comparaison à vous qui ne savez pas ce que vous voulez. C'est la façon dont ces deux manières d'être vont s'exprimer. En fait vous ne pouvez pas aborder les situations de la même façon que les autres. Il n'y a pas une meilleure façon ou une moins bonne. Il y a simplement deux manières d'être différentes.

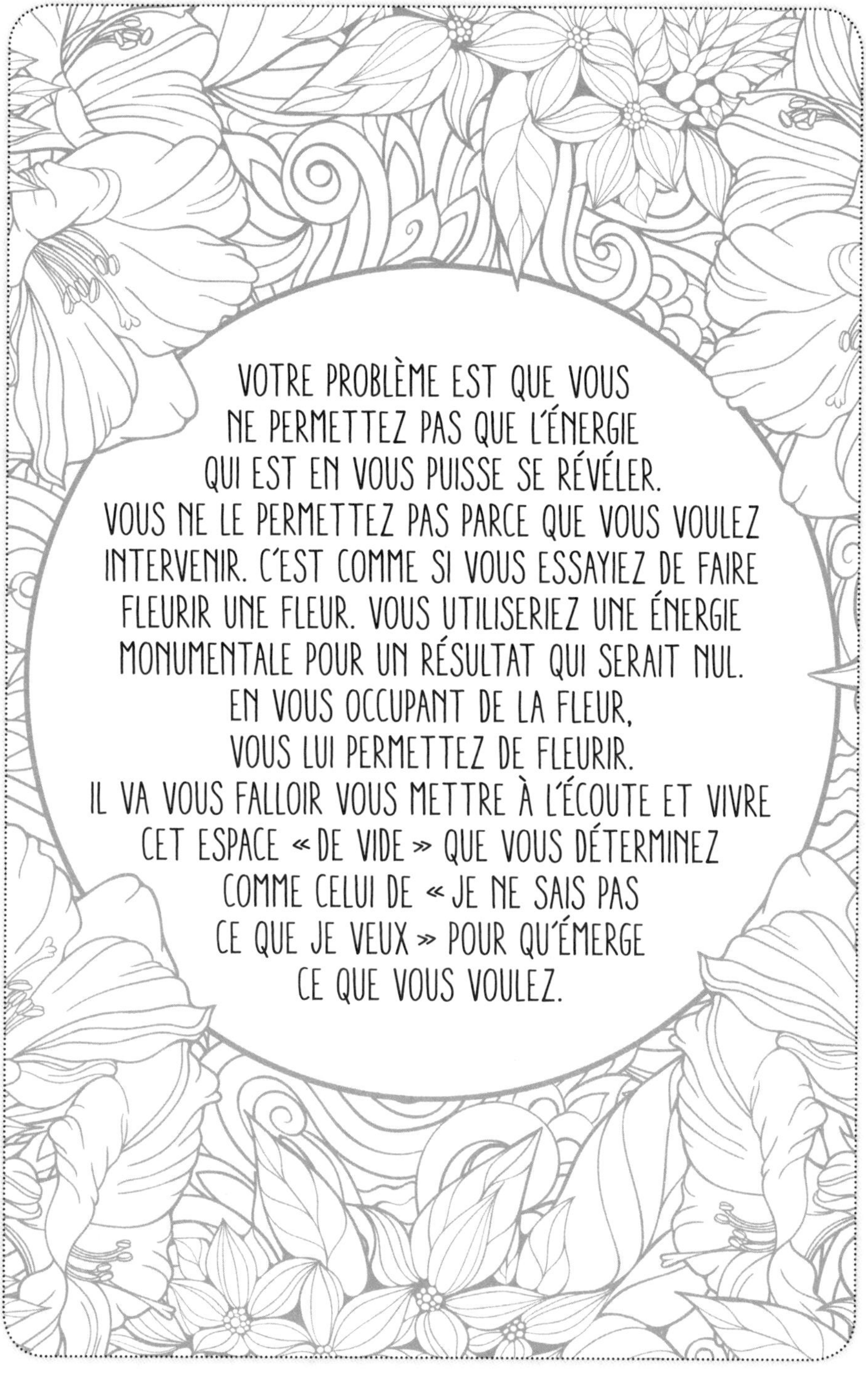

VOTRE PROBLÈME EST QUE VOUS
NE PERMETTEZ PAS QUE L'ÉNERGIE
QUI EST EN VOUS PUISSE SE RÉVÉLER.
VOUS NE LE PERMETTEZ PAS PARCE QUE VOUS VOULEZ
INTERVENIR. C'EST COMME SI VOUS ESSAYIEZ DE FAIRE
FLEURIR UNE FLEUR. VOUS UTILISERIEZ UNE ÉNERGIE
MONUMENTALE POUR UN RÉSULTAT QUI SERAIT NUL.
EN VOUS OCCUPANT DE LA FLEUR,
VOUS LUI PERMETTEZ DE FLEURIR.
IL VA VOUS FALLOIR VOUS METTRE À L'ÉCOUTE ET VIVRE
CET ESPACE « DE VIDE » QUE VOUS DÉTERMINEZ
COMME CELUI DE « JE NE SAIS PAS
CE QUE JE VEUX » POUR QU'ÉMERGE
CE QUE VOUS VOULEZ.

Ce que vous n'avez jamais cessé de faire en vous percevant comme «je ne sais pas ce que je veux», c'est que vous avez refusé votre manière d'être. Et c'est cette lutte contre vous-même qui vous éloigne de votre désir. L'acceptation de ce «vide» est le terreau à l'émergence de qui vous êtes et à la germination de vos désirs.

Là encore, lorsqu'on parle de qui l'on est, la tendance est de se situer sur le mode actif en cherchant à l'extérieur de soi. Comme si vous deviez vous étiqueter. Comme si quelqu'un devait savoir pour vous. Comme si vous deviez être comme les autres. Souvenez-vous que chacun est singulier. Vous cherchez à vous définir en fonction de l'extérieur, de ce que l'on a pu vous dire… Mais qui vous êtes est à la fois beaucoup plus simple que cela et aussi beaucoup plus complexe. Beaucoup plus simple car il s'agit de regarder en soi, et beaucoup plus complexe car vous êtes la résultante d'une multitude de facettes qui coexistent avec harmonie. La dysharmonie n'est que la résultante de la lutte contre qui vous êtes.

Une fois que vous aurez accepté et permis que ce qui est en vous puisse émerger, vous passerez naturellement et facilement à l'action et cela se fera, soyez-en certain.

Soyez certain également que, pour conserver équilibre et harmonie, toutes les personnes que vous voyez comme sachant ce qu'elles veulent ont une tendance à oublier cet état de réceptivité. Il leur faudra en tenir compte. Vous ne pouvez pas passer votre vie sans vous reposer et vous ne pouvez pas passer non plus votre vie sans action. Vous avez besoin de cette alternance.

J'ai remarqué que les personnes qui ne savaient pas ce qu'elles voulaient ont souvent une sensibilité exacerbée. C'est comme si elles percevaient le monde avec une acuité plus grande, mais qu'elles ne pouvaient pas y mettre de mots parce qu'elles essaient de passer par le mode mental. C'est en quelque sorte mettre la charrue avant les bœufs. Les personnes qui sont sur un mode activité partent souvent d'une forme, celles qui sont sur la réceptivité ne donneront la forme qu'après avoir contacté cet espace de ressenti qui est leur moteur.

Enfin, beaucoup de personnes qui pensent ne pas savoir ce qu'elles veulent ont souvent mis un couvercle sur leurs aspirations profondes en les considérant comme quelque chose d'impossible. Ce à quoi vous aspirez profondément vous relie à votre être profond. Si c'est là, c'est que cela vous appartient, que vous devez en faire quelque chose. Or si les personnes ne savent pas ce qu'elles veulent, c'est parce qu'elles n'écoutent pas cette part d'elles et cherchent à l'extérieur. Imaginez que vous ayez un terrain avec une terre propice pour faire pousser de la vigne, mais que vous ne l'utilisiez pas pour cela et que vous plantiez autre chose. La terre à vigne ne permet pas à grand-chose d'autre de pousser. Vous ne ferez que constater la difficulté. En fait, vous n'utilisez pas la valeur intrinsèque de cette terre. C'est exactement la même chose en ce qui concerne ce à quoi vous aspirez.

VOUS AVEZ DÉJÀ LA VIE DONT VOUS RÊVIEZ

« Découvrez ce que vous aimeriez faire et faites tout votre possible pour y parvenir. »

Richard Bach, *Jonathan Livingston le goéland*

Chacun de nous a la vie dont il rêvait. Je sais que beaucoup d'entre vous vont s'élever contre cette affirmation, et pourtant je vous l'assure. Vous avez la vie dont vous avez rêvé, vous l'avez toujours eu et vous l'aurez toujours.

Je ne dis pas que vous êtes satisfait de votre vie, je ne dis pas que vous n'avez pas des rêves, mais ce dont je suis sûre, c'est que ces rêves, vous n'y croyez pas. Je suis certaine aussi que vous attendez pour essayer de réaliser vos rêves que quelque chose bouge à l'extérieur. Quand ça ira mieux…, quand vous aurez réussi telle ou telle chose…, quand vous aurez réglé cela…, quand votre mari aura changé… Je suis désolée de vous dire que jamais vos rêves ne se réaliseront tout simplement parce que vous n'êtes pas centré, vous n'écoutez pas votre cœur, vous ne suivez pas votre âme. Vous vivez à partir de votre passé et d'une expectative qui repose sur tout, sauf sur vos rêves.

Les personnes qui réalisent leurs rêves ont bien de la chance ! C'est ce qu'on peut penser. C'est ce que beaucoup de personnes pensent. Comme vous croyez que ce n'est pas possible de réaliser vos rêves, c'est donc différent pour vous.

Si vous laissez vos rêves à l'état d'impossibilité, vous ramez à contre-courant.

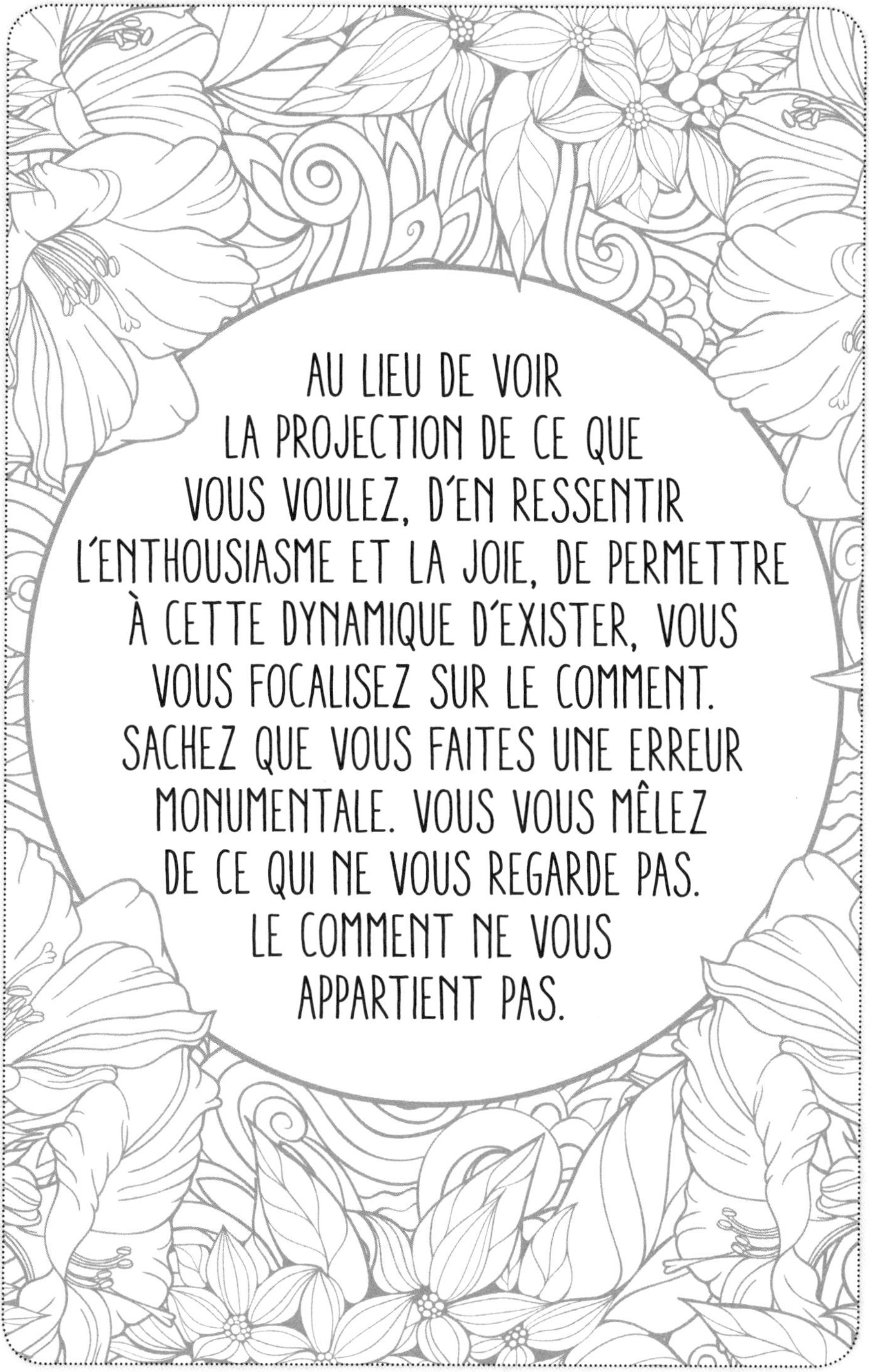

AU LIEU DE VOIR
LA PROJECTION DE CE QUE
VOUS VOULEZ, D'EN RESSENTIR
L'ENTHOUSIASME ET LA JOIE, DE PERMETTRE
À CETTE DYNAMIQUE D'EXISTER, VOUS
VOUS FOCALISEZ SUR LE COMMENT.
SACHEZ QUE VOUS FAITES UNE ERREUR
MONUMENTALE. VOUS VOUS MÊLEZ
DE CE QUI NE VOUS REGARDE PAS.
LE COMMENT NE VOUS
APPARTIENT PAS.

Quand votre voiture est en panne et a besoin d'être réparée, ce que vous envisagez, c'est votre voiture en état de rouler pour pouvoir aller vous promener. Vous allez chez votre garagiste. Vous ne vous occupez pas de savoir comment il va procéder, ce qui vous intéresse, c'est de récupérer votre voiture en état de fonctionnement.

Et bien pour vos rêves, c'est la même chose. Occupez-vous de voir le style de vie que vous aurez quand votre rêve sera réalisé. Ne vous occupez pas de savoir comment cela va se faire, car il y a une force plus grande que vous, l'Univers, qui est là pour s'en occuper.

Un autre exemple que j'aime beaucoup est celui de la graine. Lorsque vous plantez une graine, vous ne vous souciez pas de savoir comment elle pousse, vous ne la déterrez pas pour savoir où elle en est. Ce que vous voyez, c'est l'arbre que vous voulez.

Déterminer ce que vous voulez, c'est donner une direction à partir de laquelle vous allez engager votre énergie, l'Univers fera le reste.

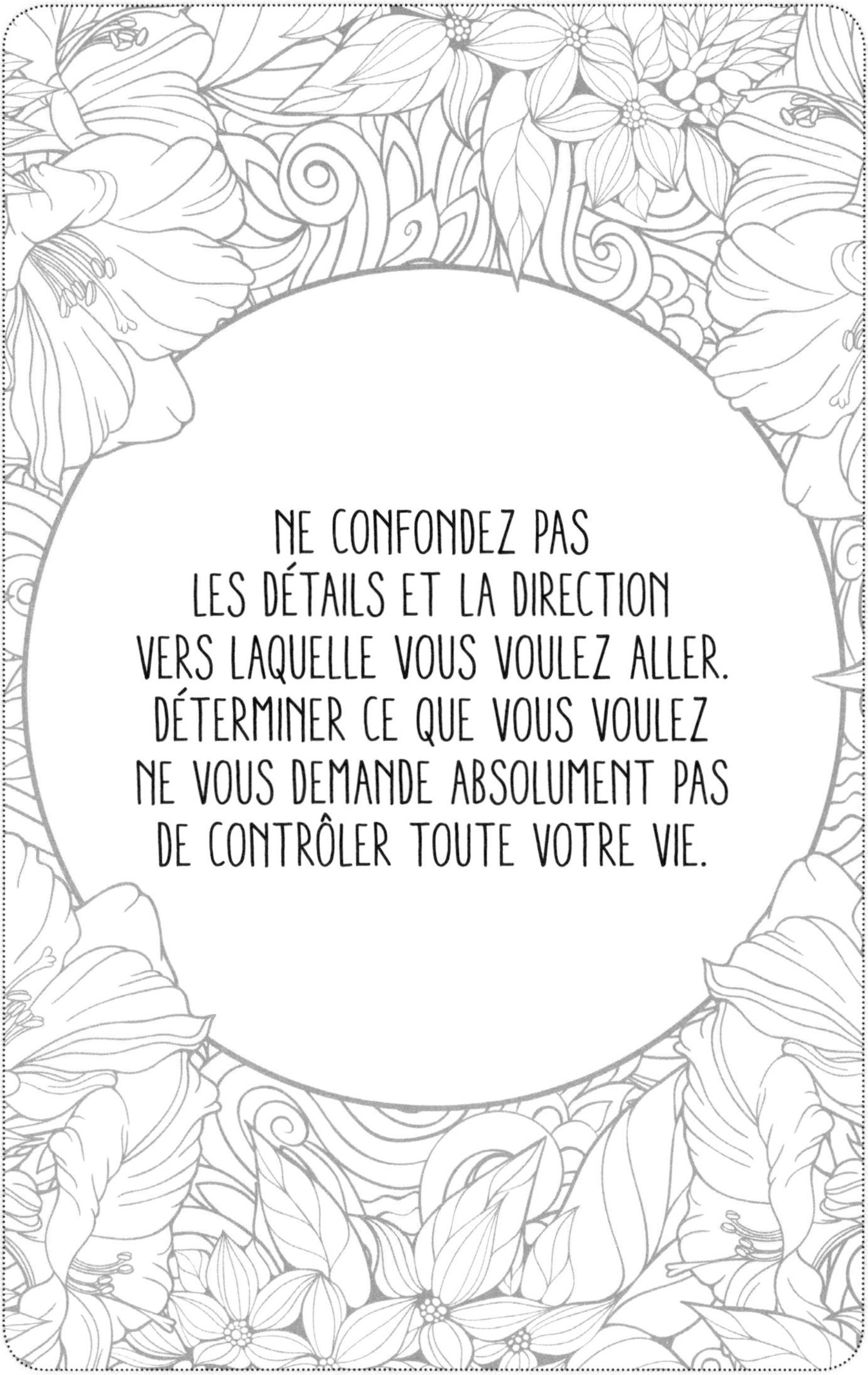

NE CONFONDEZ PAS
LES DÉTAILS ET LA DIRECTION
VERS LAQUELLE VOUS VOULEZ ALLER.
DÉTERMINER CE QUE VOUS VOULEZ
NE VOUS DEMANDE ABSOLUMENT PAS
DE CONTRÔLER TOUTE VOTRE VIE.

J'ai toujours aimé l'écriture. Déjà à l'école primaire, j'affectionnais les dictées. Et pourtant l'apprentissage de l'orthographe m'a été un peu difficile et j'aurais été vite rebutée si, grâce aux dictées, je n'avais pas pénétré dans l'univers des écrivains. Grâce à ces histoires j'étais projetée dans le temps, j'imaginais ces écrivains… Plus tard au lycée, j'ai détesté toutes les fois où j'étais interrogée sur un texte pour savoir ce que j'en pensais. Cela me dérangeait de ma rêverie. Je voyageais chez Victor Hugo, j'imaginais sa maison, son bureau et je faisais cela pour tous les auteurs, qu'ils aient été plus anciens ou modernes. Bien sûr j'en affectionnais certains plus que d'autres. En fait, je ressentais l'énergie qu'ils transmettaient à travers l'écriture. C'était une part d'eux, de leur personnalité, de leur vie. Tout naturellement je me voyais écrire, sans idée bien précise, mais je me voyais à ma table… j'étais adolescente. J'écrivais surtout des poèmes à l'époque. Plus tard, j'ai rencontré un écrivain et j'ai eu envie d'écrire jusqu'à ce jour où l'évidence a surgi en moi. Je savais que j'écrirais. Je n'avais aucune idée de quand ni de quoi, mais c'était une certitude que je sentais dans tout mon être.

Quelques années ont passé et je nourrissais l'envie de collaborer à un magazine, mais je ne savais pas comment m'y prendre. Un jour, en vacances, il pleuvait. Je suis entrée chez la libraire que je connaissais et tout en parlant de tout et de rien, j'ai ouvert une revue en relation avec le domaine qui me plaisait. Je lui ai subitement demandé si elle savait comment je pouvais faire pour écrire dans ce type de revue.

« Tu peux demander à … qui est ici. » Je me suis approchée de ce monsieur qui signait un de ses livres et nous avons discuté un bon moment. Ce monsieur était justement rédacteur en chef d'une revue où il y avait une rubrique correspondant à mes compétences et, de plus… il cherchait une collaboratrice pour cette rubrique. Nous étions synchrones et « l'univers » répondait à mon désir.

C'est comme ça que j'ai commencé à écrire professionnellement. Jusqu'au jour où mon désir d'écrire un livre a grandi. Mon sujet s'est imposé. Je l'ai écrit. Puis j'en ai écrit d'autres parce que je porte en moi l'évidence de transmettre à travers les livres.

Non seulement j'adore écrire, mais surtout il y a tout ce qui va autour du livre et qui faisait partie du rêve de ma vie. Ce qui va autour, c'est la transmission, ce sont les conférences, les signatures, les séminaires que j'anime, le public que je rencontre. C'était au niveau professionnel le style de vie auquel j'aspirais. Et ce style n'est pas figé. Il évolue avec moi, en fonction de ce qui me semble important de transmettre au public.

Si je vous ai raconté cette histoire, c'est parce que le processus est très apparent. Il y a le rêve qui évolue sous la forme du désir, puis le passage à l'action. Quand j'ai écrit mon premier livre, je ne me suis pas demandé comment j'allais faire pour le publier. Je voyais « le produit fini ». Ça s'imposait à moi. Et c'est ce que je vis pour chacun de mes livres.

Non seulement j'avais l'idée, même vague, sous la forme du rêve, mais j'ai eu une sensation. C'est-à-dire que c'est passé par l'émotionnel. Et cet émotionnel se manifeste par la joie, l'enthousiasme, la motivation.

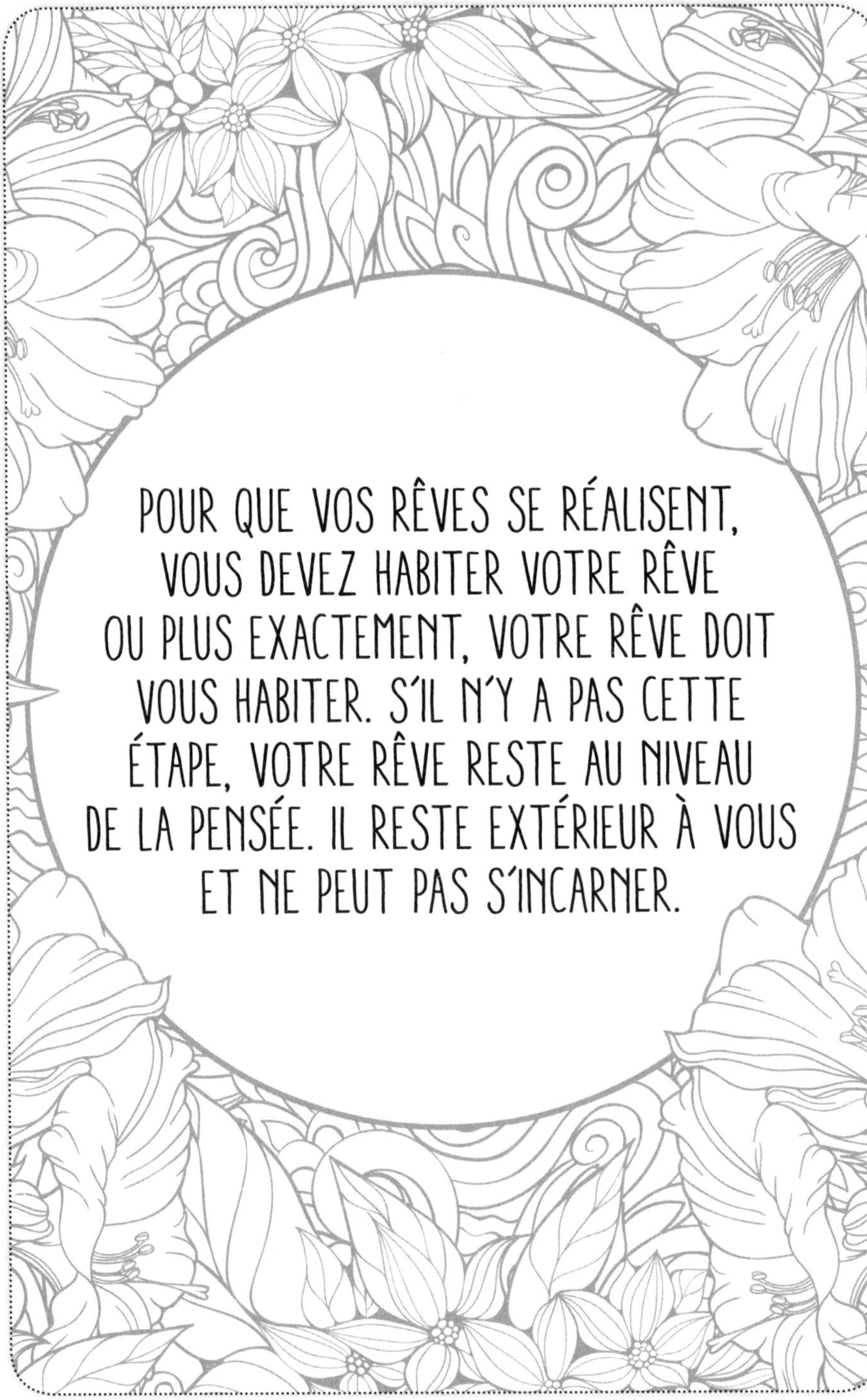

POUR QUE VOS RÊVES SE RÉALISENT, VOUS DEVEZ HABITER VOTRE RÊVE OU PLUS EXACTEMENT, VOTRE RÊVE DOIT VOUS HABITER. S'IL N'Y A PAS CETTE ÉTAPE, VOTRE RÊVE RESTE AU NIVEAU DE LA PENSÉE. IL RESTE EXTÉRIEUR À VOUS ET NE PEUT PAS S'INCARNER.

VOTRE RÊVE DOIT VOUS HABITER

« Vous pouvez rester très longtemps au bord de la rivière avant qu'un canard ne vous tombe tout cuit dans la bouche. »

Guy Kawasaki

Quand vous habitez une maison, vous l'investissez. Vous la choisissez en fonction de ce que vous souhaitez puis vous la décorez. Vous l'arrangez pour qu'elle soit conforme à votre style de vie, au confort que vous voulez y trouver.

Pour vos rêves, ça devrait être la même chose. Malheureusement, nous faisons plus souvent les choses par obligation. Si nous agissons dans notre vie en fonction de l'extérieur, des autres, nous ne sommes pas alignés avec qui nous sommes et nous nous éloignons de nos rêves.

C'est malheureusement souvent l'extérieur qui détermine notre vie. L'extérieur, les autres, ce sont toutes les croyances que nous avons, toutes les idées reçues, tous les schémas de vie dans lesquels nous sommes inscrits. Tout cela est souvent à l'opposé du style de vie que vous voulez. Et pourtant laisser vos rêves vous habiter, c'est possible.

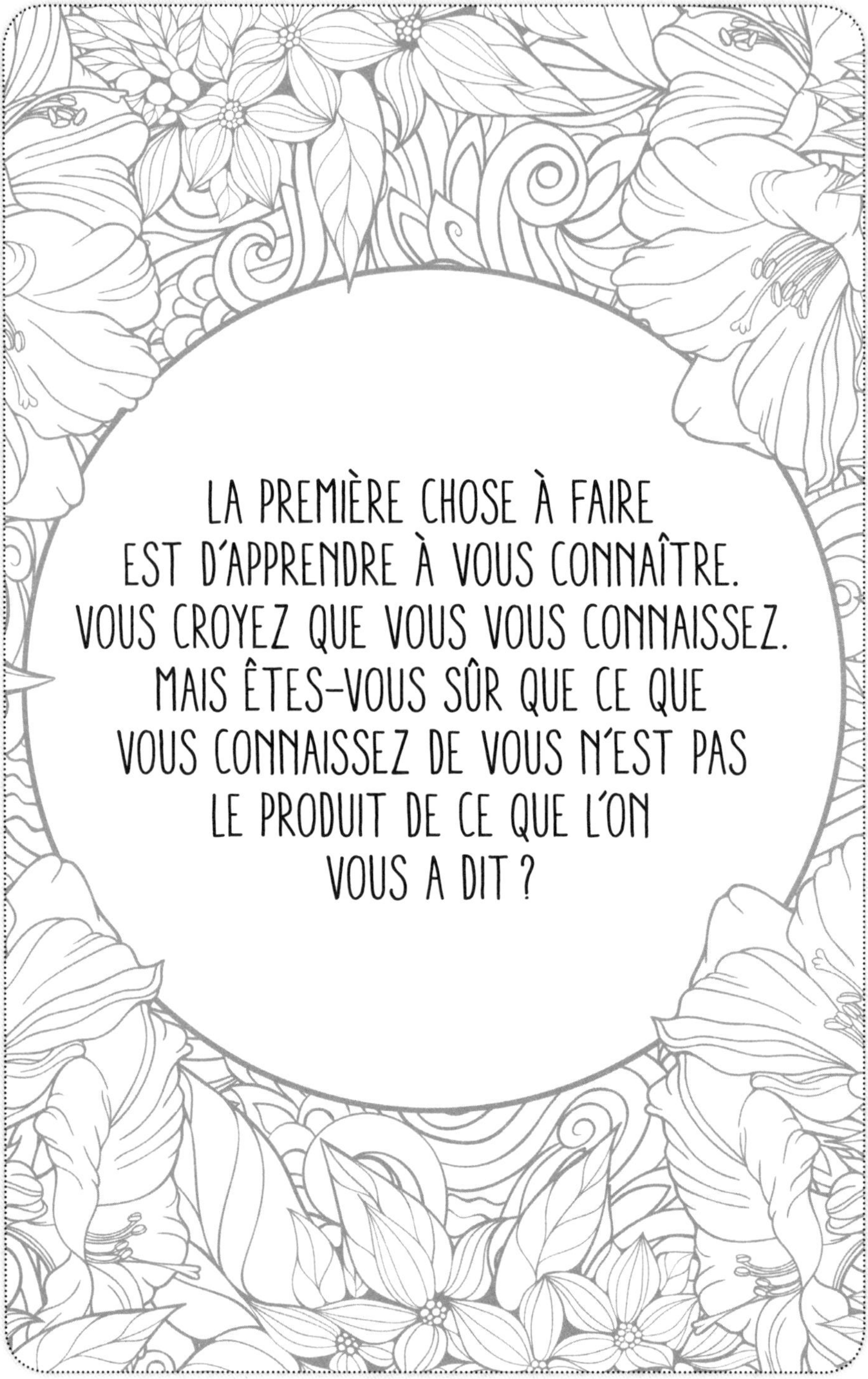

LA PREMIÈRE CHOSE À FAIRE
EST D'APPRENDRE À VOUS CONNAÎTRE.
VOUS CROYEZ QUE VOUS VOUS CONNAISSEZ.
MAIS ÊTES-VOUS SÛR QUE CE QUE
VOUS CONNAISSEZ DE VOUS N'EST PAS
LE PRODUIT DE CE QUE L'ON
VOUS A DIT ?

Vous devez habiter ce qui est grand en vous. C'est comme si, dans une maison, vous ne viviez que dans une pièce, ça ne vous servirait à rien d'avoir une grande et belle maison. Pire, vous gaspilleriez de l'énergie. C'est exactement ce qui se passe si vous n'incarnez pas vos rêves.

Un lieu commun qui arrête beaucoup de personnes dans l'incarnation de leurs rêves, c'est qu'elles croient qu'il n'est pas possible d'avoir la vie qu'elles aimeraient. C'est comme s'il y avait deux niveaux qui se superposaient. Celui de la réalité souvent remplie d'insatisfaction et une sorte de nuage qui plane au-dessus de nous et que nous ne pouvons pas atteindre parce qu'il résulte de croyances bloquantes.

Quand vous achetez une maison, vous faites le tour du propriétaire. C'est ce que nous allons faire ensemble ici. Nous allons faire le tour des diverses croyances que vous pouvez avoir, de tout ce qui peut vous amener à ramer à contre-courant.

Parmi ces croyances, comme nous venons de le voir il y a tout ce qui est du domaine de l'impossible, mais aussi de celui du pas assez. Dans ce domaine vous avez des croyances qui peuvent prendre une forme du genre : je ne suis pas assez bien, je ne suis pas comme il faut, je ne suis pas à la hauteur, je ne mérite pas.

Les domaines de l'impossibilité et du pas assez sont en quelque sorte le fond des croyances. Elles s'appuient le plus souvent sur le manque d'estime de soi et sur les injonctions inconscientes auxquelles nous avons adhéré. En approfondissant ces croyances, nous nous apercevons qu'elles ne nous appartiennent pas, mais que nous y avons adhéré, soit parce qu'il s'agit de sortes de lois familiales, soit parce que ce sont des croyances véhiculées par beaucoup de personnes et que, quelque part en nous, nous les avons faites nôtres sans vérifier si elles nous convenaient ou pas.

Mais avant d'aller plus loin, pensez d'abord au style de vie que vous voudriez et prenez le temps de ressentir cet état intérieur de bien-être que cela génère, rien qu'à cette idée.

Ensuite regardez quelles sont les objections, les « bonnes » raisons qui montent pour vous faire repousser, renoncer, douter…

Puis posez-vous cette question :

OÙ AI-JE APPRIS QUE ÇA N'ÉTAIT PAS POSSIBLE ?

Ces croyances de fond qui vous maintiennent dans l'inaction et l'impuissance ont des couleurs un peu plus précises en fonction de plusieurs paramètres. Connaître ces différentes teintes vous permettra de pouvoir lever ces blocages. C'est ce que nous allons voir maintenant.

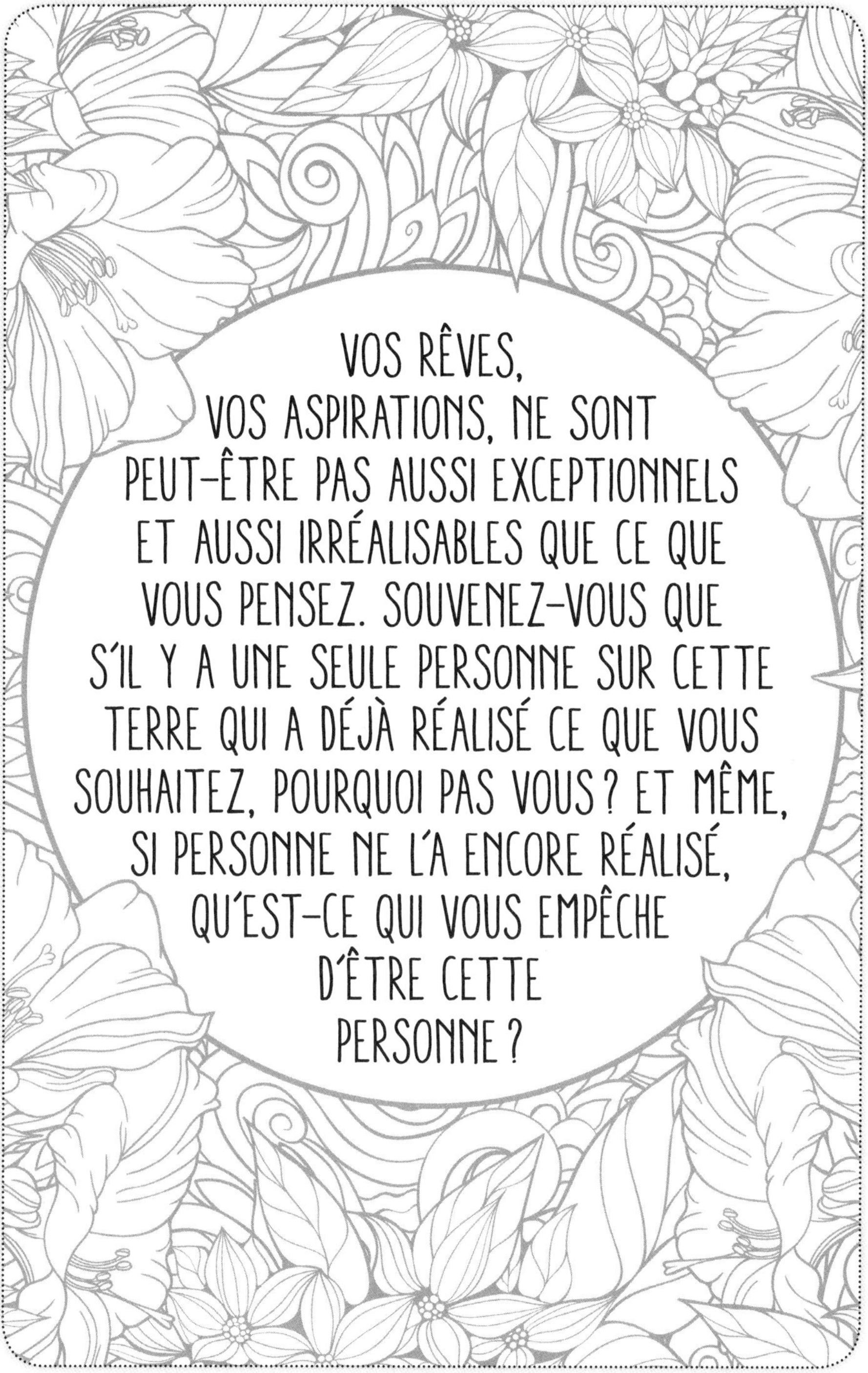

VOS RÊVES,
VOS ASPIRATIONS, NE SONT
PEUT-ÊTRE PAS AUSSI EXCEPTIONNELS
ET AUSSI IRRÉALISABLES QUE CE QUE
VOUS PENSEZ. SOUVENEZ-VOUS QUE
S'IL Y A UNE SEULE PERSONNE SUR CETTE
TERRE QUI A DÉJÀ RÉALISÉ CE QUE VOUS
SOUHAITEZ, POURQUOI PAS VOUS ? ET MÊME,
SI PERSONNE NE L'A ENCORE RÉALISÉ,
QU'EST-CE QUI VOUS EMPÊCHE
D'ÊTRE CETTE
PERSONNE ?

Pour clore ce chapitre, je voudrais vous faire partager une histoire inspirante, celle de Morgan Freeman, acteur et réalisateur américain. Il reçoit un jour la visite d'une journaliste chargée de relater quelque chose de vraiment original. Elle l'interviewe au sujet de son film « Million dollar baby », pour lequel il avait reçu un Oscar. L'Oscar est posé sur un meuble au milieu du séjour. La journaliste n'y voit rien de bien original et s'excuse auprès de l'acteur en lui disant qu'elle ne peut présenter ce sujet à son directeur. À ce moment, Morgan Freeman ajoute : « ce que j'ai oublié de vous dire, c'est que ce meuble, je l'ai fait construire spécialement cinq ans auparavant pour cet Oscar ». La journaliste revient sur ses pas…

VERS OÙ REGARDEZ-VOUS ?

« If you can dream it, you can do it. »
(Si vous pouvez le rêver, vous pouvez le faire.)

Walt Disney

Vos rêves sont impossibles, ce n'est pas le bon moment pour vous car vous devez régler certaines choses, c'est comme ça dans votre famille, vous ne savez pas ce que vous voulez, vous avez l'habitude d'agir comme ça… Savez-vous comment tout cela s'appelle ? Ce sont des freins. Vous faites deux choses à la fois : vous accélérez et vous freinez. Vous accélérez parce que vous avez des rêves, vous voulez être heureux, vous avez des projets, vous voulez changer. Vous freinez parce que vous regardez les obstacles et, surtout, que vous leur laissez la priorité.

Les freins et l'accélérateur portent deux dynamiques que l'on peut voir en termes de manque et d'abondance. Tant que vous êtes dans l'insatisfaction, vous êtes dans le manque. C'est une énergie de restriction. Le manque est un espace vide, or la nature a horreur du vide. Cette notion du manque est fondamentale et elle gère la vie de beaucoup d'entre nous. Elle va s'immiscer dans tous les domaines et prendre des formes plus ou moins subtiles. Que ce soit le domaine affectif, souvent le moteur, le domaine professionnel, le matériel, le financier, si vous vivez à partir du manque, cela se ressentira. C'est dans cet espace de manque que vont s'infiltrer toutes les émotions à basses vibrations.

Il est très facile de savoir si vous avez plutôt tendance à être dans cet espace de manque : si vous êtes dépendant de l'extérieur (regard de l'autre, quelque chose qui va vous aider à être heureux...), c'est le signe que ce vide est présent.

Je vous disais tout à l'heure que vous aviez la vie dont vous aviez rêvé... vous étiez sceptique. Vous le serez moins quand vous comprendrez que si vous n'avez pas ce que vous voudriez, si votre vie n'est pas à la hauteur de vos espérances et de vos aspirations, c'est parce que vous regardez vers le manque. Vous rêvez votre vie vautré dans le manque.

Bien sûr, il y a tous ceux qui sont satisfaits de leur vie, en apparence du moins parce qu'avec le temps on a pris l'habitude de s'adapter. Pourquoi chercher plus de toute manière ? Votre vie vous satisfait, sauf qu'à bien y regarder, il y a quand même des recoins où ça n'est pas tout à fait ça..., un métier que vous auriez voulu exercer, des études que vous auriez voulu faire, une personne que vous admirez parce qu'elle a ce dont vous rêvez, des collègues qui sont « plus que vous », une relation de couple qui n'est pas complètement épanouissante... Et vous vous êtes organisé autour de ça. Vous continuez à jouer petit alors que vous avez une cour dans laquelle tout votre potentiel pourrait se développer.

Vous pouvez vous libérer de votre passé et cela rapidement. Votre réalité actuelle est l'empreinte de votre passé. Votre réalité est faite de vos pensées, de vos jugements, de toutes vos limitations. Une réalité différente sera libre de tout cela. Cela vous semble ésotérique? Toutes vos croyances limitantes sont pourtant bien ce que vous expérimentez. En une fraction de seconde, vous pouvez changer votre réalité. Cette fraction de seconde, vous l'avez vu précédemment, c'est celle où vous pénétrez dans le champ de tous les possibles. Vous n'avez pas besoin de vous retirer du monde, de vous habiller de blanc ou de devenir végétarien. Juste faire le constat de ce que vous vivez qui est balisé de vos limitations, vous ouvrir à l'intention du changement et sentir cet espace d'ouverture intérieure. Vous sentirez que quelque chose est différent en vous, plus léger.

Chaque fois que vous changez votre réalité en changeant votre manière de voir le monde, vous créez de nouvelles connexions neuronales. Il faudra un certain temps pour que le champ des nouvelles connexions s'intensifie et que « ça tienne ». Le jeu en vaut la chandelle!

Et si vous commenciez par repérer le terrain, histoire de bien savoir où vous en êtes? N'oubliez pas, il ne s'agit pas de rechercher les causes, juste repérer comment vous fonctionnez dans vos croyances et limitations.

Le domaine affectif

Le domaine affectif est le plus représentatif du manque, il en est même le moteur. L'affectif est le creuset qui va nous permettre de nous projeter dans la vie avec une conscience plus ou moins positive de la valeur que nous avons, de ce que nous méritons ou non. C'est l'affectif qui va déterminer la confiance que nous avons en nous et l'estime de nous.

Je vous rassure de suite, ça n'est pas rédhibitoire, ça peut même s'arranger très bien, à condition d'en prendre conscience et de décider de changer. Même si votre éducation était dans ce sens et que c'était comme ça dans votre famille, n'allez pas accuser vos parents parce qu'ils ne connaissaient que cette manière de faire puisqu'eux aussi ont grandi dans la même dynamique.

Le domaine affectif repose sur la manière dont nous nous aimons, non pas d'une manière égotique en attendant que tout le monde nous fasse des compliments, nous reconnaisse, mais plutôt dans le respect que nous nous portons. Le respect que nous nous portons s'adresse non seulement à ce qui est valorisant à nos yeux, mais aussi à ce qui l'est moins, voire pas du tout. Je vous l'accorde, c'est moins évident et nous tentons de repousser tout ce qui nous gêne, nous nous le cachons. Ou bien encore, nous tentons de le compenser à l'extérieur. En d'autres mots, nous ne nous aimons pas.

L'affectif, outre la relation « d'amour » que nous nous portons, comprend aussi le relationnel. Dans ce relationnel, il y a les amis et les relations (travail…). Quels genres d'amis avez-vous ? Et côté travail, comment se passent vos relations professionnelles ? Vous serez peut-être étonné d'apprendre que vos relations professionnelles dépendent de la valeur et du respect que vous vous accordez.

Je pense à des personnes que j'ai accompagnées et qui avaient une image très négative d'elles-mêmes. Certaines avaient même été victimes de harcèlement dans le cadre du travail, parfois à plusieurs reprises. À partir du moment où elles ont retrouvé une dynamique de respect et de confiance en elles, leurs relations professionnelles ont changé. Elles ont posé leurs limites qui ont été respectées et celles qui avaient connu le harcèlement sont sorties de cette problématique. Ce qui a changé chez ces personnes c'est le fait qu'elles ont reconnu leurs attentes par rapport à leur manque d'amour, qu'elles ont pris en compte leurs émotions et que peu à peu elles ont donné une direction constructive à leur vie en décidant de ce qu'elles voulaient, à savoir être respectées.

ELLES ONT COMMENCÉ PAR SE RESPECTER.

Un des éléments qui peut vous aider à éclairer votre espace relationnel est de savoir si vous faites partie de ces personnes qui n'aiment pas les conflits. Si oui, regardez l'impact que cela a dans votre vie. Je suis certaine que cela crée des tensions internes, que vous vous débattez à l'intérieur de vous-même parce que vous n'osez pas poser de limites. Pire, vous faites tout pour les éviter, du moins c'est ce que vous pensez.

En général, ce que l'on appelle un conflit est le fait d'avoir une autre manière de voir les choses, d'avoir un point de vue et de ne pas oser le dire. On ne dit rien, soit pour ne pas faire de peine à l'autre, soit pour ne pas le mettre en colère car on s'évertue à rester la gentille personne que l'on a toujours été. Certains ne disent rien parce qu'ils ont peur qu'on les rejette, qu'on leur dise non. Pour beaucoup de personnes, un refus signifie un rejet.

Vous passez votre vie à faire des sacrifices pour ne pas faire de vagues. Or un conflit larvé est destructeur. Et puis la situation n'est peut-être pas aussi conflictuelle que vous n'imaginez… Vous essayez de vous rassurer pour ne pas passer à l'action. Faire face à une situation considérée comme conflictuelle vous apportera une liberté intérieure car vous accroîtrez votre énergie au lieu qu'elle ne stagne. Avoir une opinion différente, se positionner et affirmer sa manière de voir les choses peut se faire dans le calme. Il ne faut pas confondre fermeté et agressivité.

En ce qui concerne l'affectif, le domaine par excellence où nous tentons de réparer notre manque, c'est le couple. Une très grande majorité de personnes vont chercher à y combler le manque affectif dont elles ont souffert. C'est ce qui sera le moteur de leur couple jusqu'au jour où il y aura rupture. Certaines personnes vont enchaîner relations sur relations en répétant les mêmes erreurs. Si au début une relation est stimulante, au bout de quelque temps elle l'est moins. Pourquoi ? Pas uniquement parce qu'on supporte moins bien (ou plus du tout) les défauts de l'autre, ça c'est l'apparence, mais parce que l'autre ne répond pas à notre attente. Et notre attente, en fonction de notre histoire, peut être plus ou moins importante. Elle se résume à attendre que l'autre comble le manque affectif que nous avons eu. Parfois ce manque ressemble tellement à un gouffre qu'il va même générer des relations de dépendance affective.

Évidemment, ça ne se présente pas de manière aussi claire. Vous n'arrivez pas en clamant haut et fort à l'heureux élu : « bonjour, je n'ai pas été aimé. C'est atroce de ne pas se sentir aimé. Si tu savais le manque d'amour que j'ai eu… Heureusement, tu vas pouvoir le combler ». Que ferait l'heureux élu si vous annonciez la couleur ? Soit il (ou elle) est lucide et se dit : « pas de veine…, moi qui pensais qu'elle (il) allait m'apporter tout l'amour que je n'ai pas eu… ». Évidemment, comme il se sent un peu coupable de ne pas être à la hauteur, il ne le formule pas et il s'arrange comme il peut… peut-être en prenant la poudre d'escampette…, vous allez vous retrouver seul(e). En revanche, s'il est plus téméraire, il répondra : « Pas de problème, j'ai toujours aimé sauver le monde ». Ce que vous ne savez pas (et lui non plus d'ailleurs), c'est que le sauveur a le même problème que vous. Il souffre de manque affectif. C'est pour être aimé qu'il se dévoue autant. Si c'est au conjoint qu'on s'adresse pour combler notre manque, il n'est pas rare non plus que l'on fasse la même demande à nos enfants, de manière tout aussi inconsciente bien évidemment.

Bien sûr, tout le monde le sait, dans une relation de couple, on doit pouvoir s'appuyer sur l'autre. Enlevez-vous vite cette utopie de la tête parce que je suis sûre qu'il y a une confusion quelque part. Ce que vous appelez appui ne serait-il pas l'attente ?

Mais alors, à quoi ça sert un couple si on ne peut pas compter sur l'autre ? Je vous l'accorde, quand on arrive à passer quelques crises sans prendre la porte ou jeter les valises de l'autre par la fenêtre, c'est relativement frustrant de s'apercevoir que l'on ne peut pas compter sur l'autre.

Résignation allez-vous dire. Non, réajustement et précisions.

Que vous vous appuyiez sur l'autre ou que l'autre s'appuie sur vous (et dans ce cas vous devenez l'autre par rapport à lui), cela ne peut se faire qu'en regard des limites de l'autre.

On ne peut pas demander à quelqu'un plus que ce qu'il peut. Combien de fois ai-je entendu en consultation ; « oui mais il pourrait… ». Formuler les choses autrement serait plus juste : « j'aurais aimé qu'il (ou elle)… ».

LE JOUR OÙ CES PARTS
DE NOUS QUI SOUFFRAIENT TELLEMENT
DE LEUR MANQUE PEUVENT GRANDIR,
NON SEULEMENT VOUS POUVEZ
LES RECONNAÎTRE, VOUS POUVEZ VOIR
VOTRE MANQUE ET VOTRE SOUFFRANCE
(QUI EST SUPPORTABLE CONTRAIREMENT
À CE QUE L'ON CROYAIT AVANT),
MAIS VOUS POUVEZ VOIR L'AUTRE AUSSI
AVEC SES MANQUES, AVEC SES LIMITES.
VOUS AVEZ ALORS ACQUIS
UNE LIBERTÉ INTÉRIEURE.

Le domaine financier

Un autre domaine où le manque trouve un terrain de prédilection, c'est le côté financier. La galerie est vaste et se décline en une multitude de tableaux dont certains peuvent être très subtils.

La porte d'entrée, c'est votre relation à l'argent. Dans ce domaine le manque va s'exprimer par ce que l'on peut appeler « la conscience de pauvreté ».

N'oubliez pas que nous sommes dans le couple manque/abondance. Face à la pauvreté on va donc mettre le mot richesse.

Vous ne vous sentez pas concerné parce que vous n'êtes pas pauvre, vous travaillez, vous avez un appartement, vous partez en vacances… Vous ne faites peut-être pas non plus partie de la catégorie des riches, d'ailleurs vous ne les aimez pas beaucoup.

Pas si vite, je vous parle de conscience. La pauvreté et la richesse sont à entendre en termes de conscience.

LA CONSCIENCE DE PAUVRETÉ OU DE RICHESSE EST LE MOTEUR DE VOTRE ACTION.

Vous pouvez faire partie des personnes qui ont un travail…, une vie « normale », mais être cependant dans une conscience de pauvreté.

Vous allez vite comprendre avec quelques exemples.

- Qu'est-ce que suscitent les gens riches chez vous ? Peut-être de l'aversion. Vous ne les supportez pas parce qu'ils sont trop ……………………………………………………………….
- Gagner autant d'argent est indécent alors qu'il y a tant de personnes qui ont peu.
- À partir de quelle somme pensez-vous que l'on soit riche ?
- En dessous de quelle somme pensez-vous être pauvre ?
- À quoi ça sert d'avoir beaucoup d'argent, vous n'avez pas besoin de plus ? (c'est ce que vous pensez)
- De toute manière, étant donné votre travail, vous êtes limité pour pouvoir gagner plus…
- Si j'ai plus d'argent, je vais dépenser plus et je risque de faire des dettes…
- Je ne vois pas comment je pourrais gagner plus.
- Pour avoir autant d'argent, il ne faut pas être honnête.
- Vous gagnez peu, vous pourriez gagner plus en changeant de travail, mais pour le moment vous n'avez pas envie de le faire car cela entraînerait un trop gros changement.
- Vous avez tendance à tout faire à l'économie : dépenser le moins possible pour vos vêtements, acheter par lots parce que cela vous semble plus économique, profiter des promotions, privilégier les soldes, en bref nourrir une grande tendance à chercher ce qui n'est pas cher.

Toutes ces énumérations signifient une action à partir du manque.

Il ne s'agit pas d'un jugement, mais de prise de conscience d'une dynamique interne.

Notre relation à l'argent met en avant nos problématiques financières, mais pas seulement. La relation à l'abondance, en termes de manque, peut surprendre par certaines formes. Je rencontre beaucoup de personnes qui sont mal dans leur travail soit pour des problèmes organisationnels, de salaires... Lorsque j'évoque le fait de changer de travail et d'aller vers quelque chose qui leur correspondrait mieux, elles mettent immédiatement en avant l'impossibilité. Le prétexte évoqué est le contexte économique, le marché de l'emploi...

Prenez quelques instants et fermez les yeux : imaginez-vous avec de l'argent, beaucoup d'argent, que feriez-vous, quelle serait votre vie ? Vraiment ? Vous y croyez ? Je n'en suis pas si sûre parce que sinon vous auriez peut-être déjà démarré pour essayer d'améliorer votre situation.

J'accompagne des personnes dans cette situation. Elles dévident la liste de tout ce qui les empêche de changer d'emploi et de faire ce qu'elles ont envie. Cela peut aller du manque de diplôme, en passant par le manque de compétences, par l'âge... jusqu'au moment où, après avoir travaillé sur leurs freins, elles envisagent un changement. J'ai vu des personnes qui sont parties sans diplôme, mais qui ont tellement avancé qu'elles ont fait un bilan de compétences, puis une validation de leurs acquis. Parfois même, elles ont repris des études ou des formations.

Il y a des personnes qui ont de l'argent, même beaucoup et ... qui perdent tout. Je ne parle pas des entrepreneurs qui évoluent dans une dynamique de prospérité et ont pu connaître des revers de fortune. Ceux-là rebondissent toujours parce que la créativité et la dynamique de prospérité sont leurs moteurs.

Je parle des autres, de ceux qui aspirent à plus, qui l'obtiennent et qui s'arrangent pour le perdre. J'accompagne beaucoup de personnes qui créent leur activité et le domaine financier est toujours un pôle important. Je me souviens d'un homme qui était très travailleur, qui mettait toutes les chances de son côté pour réussir. Il avait des contacts, des promesses de partenariats dont les dates étaient toujours repoussées dans le temps. Lorsqu'il avait effectué un contrat, il n'était pas rare que les délais de paiement soient prolongés. Au final, malgré tout le travail et le courage qu'il avait, il était toujours dans des problèmes financiers, dans une lutte perpétuelle. Nous avons travaillé sur son rapport à l'argent et au bout de deux séances, il a pu identifier ce qui était sous-jacent à ce blocage. À partir de ce jour, deux semaines plus tard, son agenda était complet sur quatre mois, les personnes qui lui devaient de l'argent le lui donnaient, les partenariats se concrétisaient…

Je pense aussi à cette jeune femme qui n'a pas eu une vie facile et a toujours dû lutter pour y arriver. Pendant des années, elle a fait preuve d'un grand courage pour sortir de ses difficultés notamment financières et a décidé de faire le nécessaire pour trouver un emploi dans lequel elle pourrait non seulement s'épanouir, mais gagner plus afin de ne pas toujours être obligée de compter. Elle savait le genre de vie qu'elle voulait, ce qu'elle ferait quand elle aurait le salaire qu'elle souhaitait, mais… elle ne savait pas ce qu'elle voulait faire au niveau professionnel. À cela s'ajoutait un profond manque d'estime personnelle.

Il lui manquait un maillon pour accéder à ce changement financier. Il lui a fallu établir le pont entre son insatisfaction professionnelle et financière actuelle et sa vision de style de vie. Pour établir ce pont, elle a travaillé sur ce qui entrait en résonance profondément avec qui elle était, avec ce qu'elle voulait.

Ce pont est souvent le chaînon manquant dans ce type de problème concernant le domaine financier. Ce pont vient souvent en écho avec notre valeur personnelle et l'estime de soi. Un des aspects négatifs qui le constituent est tout ce qui peut être de l'ordre de « je ne mérite pas, c'est pas pour moi, c'est pas possible… »

Pour beaucoup lorsqu'on évoque l'aspect financier, c'est comme si le regard s'arrêtait à l'argent comme entité séparée du reste.

L'argent est une énergie, et cette énergie est reliée à vous, à ce que vous êtes et à ce que vous croyez être à divers niveaux. La dynamique de l'argent dans notre vie s'appuie non seulement sur ces points personnels conscients et inconscients, mais également sur une dynamique familiale et sociale.

Il est nécessaire de se repositionner par rapport à l'argent et de l'entendre comme un flux relié à notre énergie, non seulement au niveau personnel, mais collectif. Une société prospère n'est pas une société qui met objectifs et rendements au premier plan. Une société prospère est une société où les individus s'épanouissent dans leur travail.

Lorsqu'on aborde le domaine de l'argent, on est au niveau basique de la matière. Bien avant ce niveau, il y en a d'autres, plus subtils qui ont un impact sur celui-ci. Beaucoup de personnes, en entreprenant un travail de connaissance de soi, voient leur situation financière évoluer sans avoir travaillé dessus. Pourquoi ? Parce qu'elles sont justes et alignées avec elles. Elles évoluent dans ce que j'appellerai leur flux. Leur énergie est fluide.

En ce qui concerne le thème de l'argent, l'argent est une énergie qui reflète votre propre énergie, votre engagement dans la vie.

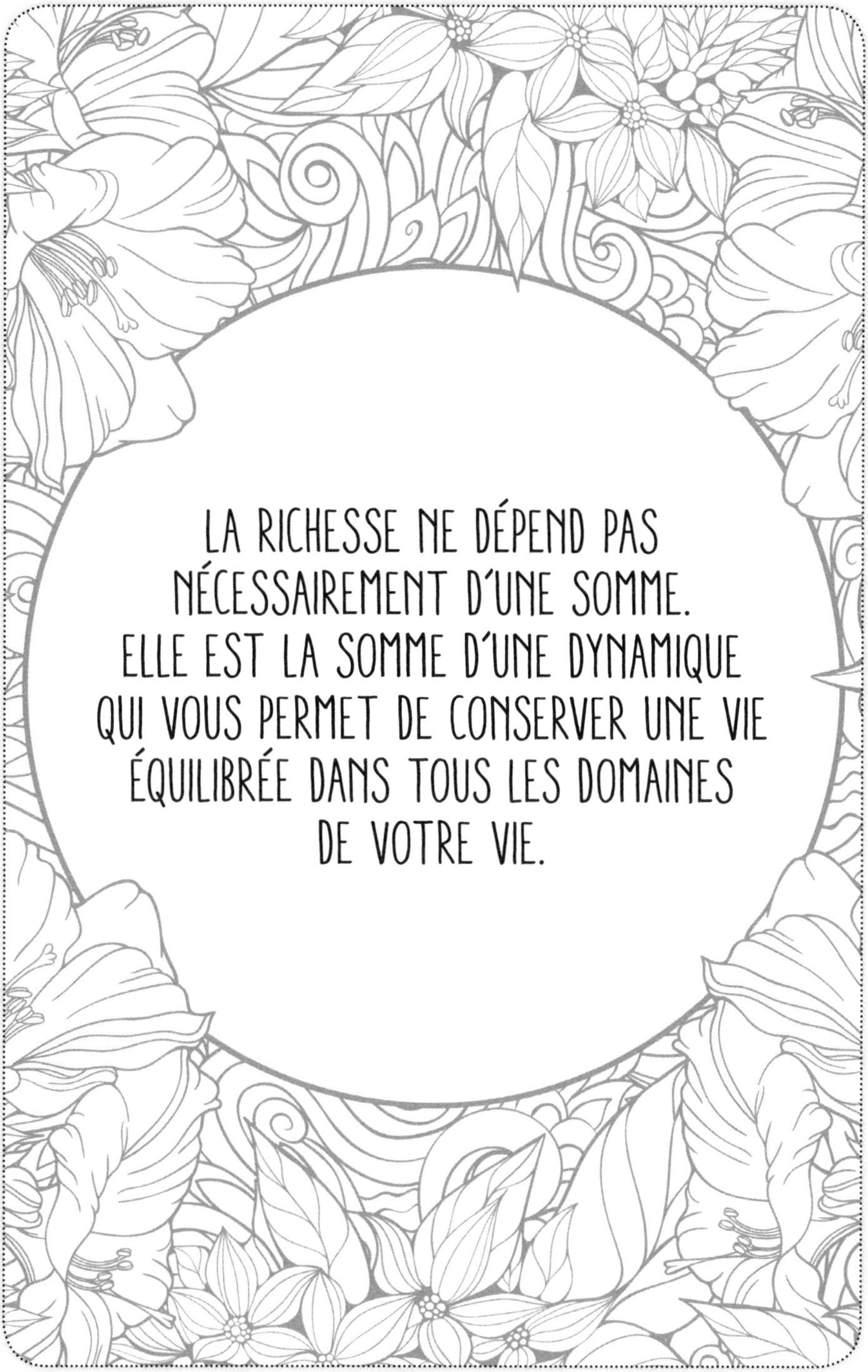

LA RICHESSE NE DÉPEND PAS
NÉCESSAIREMENT D'UNE SOMME.
ELLE EST LA SOMME D'UNE DYNAMIQUE
QUI VOUS PERMET DE CONSERVER UNE VIE
ÉQUILIBRÉE DANS TOUS LES DOMAINES
DE VOTRE VIE.

Si vous rêvez de gagner au loto pour arrêter votre travail, mieux vaut commencer par changer de travail et faire ce qui vous plaît. Non seulement ce sera plus rapide et certain, mais vous avez alors de bien plus grandes chances d'être riche. Je crains autrement que vous ne perdiez tous vos gains.

Imaginez la situation suivante : si vous aviez une somme d'argent telle que vous ne soyez plus obligé de travailler, que feriez-vous ? Continueriez-vous votre activité, peut-être sous une autre forme ?

Certains d'entre vous vont peut-être s'insurger et se dire « oui, mais avec la crise... ». En effet, je ne peux passer au chapitre suivant sans évoquer ce point : la crise. Le point noir de la crise, c'est l'argent et ... le travail. Comme on l'a vu un peu plus haut, ce point n'est pas une entité isolée et parler de la crise de la manière dont les médias le font est une traduction de l'économie comme une entité isolée. Si on replace la crise sur une vision large et globale de la situation, elle n'est que l'expression d'un malaise à un autre niveau. La crise me semble être la conséquence d'une crise individuelle d'identité. Aujourd'hui de nouveaux paradigmes émergent. Le développement personnel a pu en révéler les prémices. Si l'on regarde la crise sur le seul filtre de l'entité argent et du manque, on est sur la peur. Si on la regarde comme un moment où chacun peut se poser la question de ce qu'il souhaite, où l'individu se responsabilise, de nouvelles perspectives s'ouvrent. Une crise, quelle qu'elle soit, n'est pas catastrophique, elle est l'occasion d'un repositionnement, d'une revalorisation, de changements, de nouvelles orientations.

Lorsqu'une entreprise va mal, une des bases à regarder est de voir si les personnes sont bien à la bonne place. Quelle image peut donner une entreprise dont le poste d'accueil est occupé par une personne qui n'aime pas le contact avec la clientèle ? Comment une institutrice peut-elle se sentir épanouie avec des classes de CM1 alors qu'elle adore apprendre les bases de la lecture et de l'écriture ? Je ne cite que ces exemples, mais ils font partie des multiples cas réels que je vois au quotidien. Chacun de nous a un tempérament différent, des passions, va exceller dans certains domaines. Travaillez dans un domaine où vous n'êtes pas épanoui, vous ne ferez qu'une chose : attendre votre salaire à la fin du mois. Il y a de fortes chances pour que vous deveniez aigri et perdiez votre motivation. Perdre son enthousiasme et sa motivation conduit tout droit à la dépression.

Aller vers ce avec quoi nous nous sentons en affinité est le point de départ vers votre réussite.

Le domaine professionnel

Il est lié au financier et à l'affectif. Le financier puisque c'est notre rapport à l'argent et l'affectif parce qu'il est question de notre valeur et de l'estime que nous nous portons et de nos désirs.

NOS DÉSIRS

SOUVENEZ-VOUS QU'UN PEU PLUS HAUT JE VOUS AI PARLÉ D'ÊTRE ALIGNÉ AVEC QUI VOUS ÊTES. PARFOIS NOS DÉSIRS NE SONT PAS FACILES À ÉNONCER ET ON CROIT QUE L'ON EN EST DÉPOURVU. C'EST CE QUI AMÈNE BEAUCOUP DE PERSONNES À VIVRE LEUR VIE PAR DÉFAUT. POUVOIR SENTIR QUE VOUS ÊTES EN ACCORD AVEC CE QUE VOUS ÊTES, AVEC VOS VALEURS, VA CRÉER UN ALIGNEMENT.

C'EST LA PREMIÈRE ÉTAPE
ET C'EST CELLE SUR LAQUELLE
TOUTES LES PERSONNES QUI SOUFFRENT
DE NE « PAS SAVOIR CE QU'ELLES VEULENT »
POURRONT S'APPUYER.
COMME À CE MOMENT IL Y AURA UNE SORTE
D'EMBOÎTEMENT ENTRE L'EXTÉRIEUR
ET L'INTÉRIEUR, VOUS VERREZ UNE DYNAMIQUE
SE CRÉER. UNE NOUVELLE ÉNERGIE VA ÉMANER
QUI VOUS PERMETTRA
D'AVANCER UN PEU PLUS LOIN.

Puis peu à peu en procédant de la même façon, vous continuerez à avancer jusqu'à ce que vous puissiez déterminer clairement ce que vous voulez. Vous serez suffisamment à l'écoute non plus de ce qui ne vous convient pas, mais vous saurez reconnaître ce qui vous convient. Plus vous agirez de cette manière, plus vous ancrerez cet appui en vous et vous reconnaîtrez votre désir et cesserez d'être dans la dynamique du manque.

L'EXTÉRIEUR NE BOUGE QUE PARCE QU'IL Y A EU UN MOUVEMENT INTERNE. IL VIENT RÉPONDRE À VOTRE DYNAMIQUE INTÉRIEURE.

Déterminer clairement ce que vous voulez ne signifie pas écrire votre vie dans le détail, mais donner une direction qui soit en résonance avec ce que vous êtes et que vous voulez. Par exemple, je pense à une amie qui venait de terminer sa formation de professeur de yoga. Elle avait décidé de donner des cours. Elle a été amenée à changer de région et a commencé à faire des recherches dans ce sens. Elle n'était pas encore installée sur sa nouvelle ville qu'elle avait déjà des contacts et des propositions de cours. Dix jours après avoir déménagé, elle avait déjà des contrats fermes et d'autres propositions qui se profilaient.

La valeur et l'estime de soi

Énormément de personnes sur ce point sont dans la dynamique du manque. Pas à la hauteur, pas assez bien, pas comme les autres, pas capables, sentiment de nullité… On oublie de regarder ce que l'on a réussi, ses compétences ou pire, on n'arrive pas à les reconnaître.

C'est une manière de se nier, de nier notre droit à l'existence, de nier la vie qui nous a été donnée et la manière dont nous allons la manifester avec notre singularité.

Certes, cette notion d'estime de soi et de valeur personnelle est complexe en regard de la psychologie clinique. Cependant, chez nous, elle est malheureusement présente pour une grande partie de la population. C'est à croire que moins on a de valeur, mieux on est. C'est une sorte de fausse vanité.

Je pense que ce problème s'enracine notamment dans les conséquences d'une culture judéo-chrétienne mal comprise.

Actuellement, la psychologie positive propose un regard différent qui permet de cultiver cette estime de soi, de renforcer les ressources positives. Cette dynamique est importante car elle permet de renforcer notre confiance, de développer notre créativité, et par conséquent notre capacité au bonheur.

Si vous savez voir votre valeur, vous savez reconnaître celle des autres et vous réjouir pour eux. Malheureusement, beaucoup sont sur le mode inverse. Ils fonctionnent sur la comparaison et regardent ce que l'autre a et ce qu'ils n'ont pas. Voir le résultat avec ce regard, c'est rester dans notre manque et cultiver souvent colère, envie et jalousie, comme si ce que l'autre avait réussi nous enlevait quelque chose. En revanche, vous pouvez regarder ce que l'autre a réussi avec une autre dynamique : s'il a réussi, je peux moi aussi réussir. Quel chemin a-t-il pris ? Comment s'y est-il pris ? Ce sont les questions que vous devez vous posez et si vous le pouvez, lui poser. Ce n'est peut-être pas la même chose que vous voulez faire, mais il y a des constantes quant à la dynamique du mouvement. N'oubliez-pas ce que vous avez vu plus haut, vous avez la vie dont vous avez rêvé, les autres aussi.

LES RÉSULTATS QUE VOUS VOYEZ SONT LE RÉSULTAT D'ENGAGEMENTS INTÉRIEURS.

En regardant les résultats de votre vie au niveau professionnel, vous verrez si vous vous situez dans la conscience du manque ou non. Si c'est ce que vous constatez, prenez-en d'abord conscience. Cette étape est importante car vous aurez alors une vue panoramique de vos mécanismes et des résultats que vous avez obtenus. Ne vous culpabilisez pas, ça ne sert à rien, c'est juste un constat qui vous permet de mettre fin à cette dynamique. Puis décidez d'orienter votre énergie vers l'abondance.

LE COURANT DE VIE REFLÈTE
VOTRE HARMONIE INTÉRIEURE.
LA CONFIANCE, L'ESTIME DE SOI,
LA CONSCIENCE DE SA VALEUR SONT
DANS LA DYNAMIQUE DE L'ABONDANCE.
CETTE DYNAMIQUE D'ABONDANCE GÉNÈRE
L'ENTHOUSIASME ET L'ENTHOUSIASME
GÉNÈRE L'ABONDANCE.
LE SUCCÈS ENTRAÎNE
LE SUCCÈS.

L'abondance et la prospérité, c'est ce qui vous conduit à la réussite, vous allez dans la direction que vous souhaitez. Même si vous rencontrez des obstacles, ils deviennent des leviers et non des freins, vous arrêtez de lutter, vous suivez le courant de la vie ou plutôt le courant de la vie est en harmonie avec vous. Vous devenez capable de l'accueillir. Car si vous regardez bien, la nature est abondance et elle n'a jamais cessé de l'être. Tout cela est à notre disposition si nous apprenons à ouvrir les espaces qui sont restés fermés à cette abondance.

ABONDANCE ET PROSPÉRITÉ
SIGNIFIENT FLUIDITÉ.
L'ABONDANCE EST
LA DYNAMIQUE DE VIE.

Le domaine matériel

Là encore vous retrouvez la dynamique du manque ou de l'abondance. Nous allons faire un zoom sur nos croyances. Et en particulier sur les croyances qui fondent nos habitudes familiales.

Prenez quelques minutes pour réfléchir et faites une liste des points communs que vous pouvez avoir avec vos parents ou avec votre famille d'une manière générale.

- Par exemple, votre père a construit sa maison, c'est ce que vous avez fait et ce que vos frères et sœurs ont fait également.
- Êtes-vous propriétaire ? Si oui, pourquoi ? Si non, pourquoi ?
- Quel type de voiture possédez-vous ? Pourquoi ce choix ? Est-il pratique ou correspond-il à ce que vous souhaitiez réellement ?
- En ce qui concerne vos vêtements, comment les choisissez-vous ? En fonction du prix ? De ce qui vous plaît et de votre style ? De la mode ? De leur qualité parce que vous les gardez longtemps ? Y a-t-il un budget que vous vous interdisez de dépasser pour acheter un vêtement et pourquoi ?
- Avez-vous tendance à être original(e) dans votre tenue ou plutôt discret(e) parce que vous n'aimez pas qu'on vous remarque.
- Que pensez-vous des gens qui réussissent ?
- Que se passerait-il si vous aviez la vie dont vous rêvez ? Comment réagiraient vos amis et vos proches ?
- Pensez-vous que posséder certains biens et/ou avoir de l'argent est incompatible avec une vie spirituelle ?
- Croyez-vous qu'avec la misère qu'il y a dans ce monde, vous devez vous estimer heureux de ce que vous avez ?

- Croyez-vous qu'il vaut mieux ne pas faire de vagues pour éviter les conflits ?

Comme vous pouvez le constater, tous les domaines de notre vie sont gérés par notre énergie. Celle-ci est orientée vers le manque ou vers l'abondance. Parfois l'un est plus prédominant que l'autre dans un secteur.

Dans le tableau ci-dessous, vous trouverez un récapitulatif de manières d'être correspondant à chacune des dynamiques, vous pourrez compléter les cases à votre guise.

Dynamique du manque	Dynamique d'abondance
Restriction	Expansion
Frein	Changement, évolution
Fermeture	Ouverture
Peur	Confiance
Jalousie	Joie
Suspicion	Enthousiasme
Rétention	Partage
	Amour
	Communication

Sortir de vos limitations pour changer de plan de conscience

Le résultat extérieur est toujours fonction de votre énergie intérieure.

Qu'on les nomme résistances ou limitations, ce sont des freins que nous pouvons lever. Certains sont flagrants, d'autres beaucoup plus subtils. Depuis des années, voire avant notre arrivée sur terre, nous sommes dans ces limitations. Pourquoi avant notre arrivée sur terre ? Parce que déjà nos parents, nos ancêtres avaient ces limitations, ces conceptions de la vie. Et voilà, c'est leur faute allez-vous penser ! Sûrement pas. Si vous avez choisi ce canal d'incarnation pour votre arrivée sur terre, c'est qu'il vous convenait… à certains niveaux de conscience, vibratoirement parlant. Pourquoi ? Parce que cette part de vous, la plus profonde, votre être, en avait besoin comme elle avait besoin de ce moment d'incarnation dans le temps pour accomplir son chemin dans ce monde et comme le monde avait besoin de vous.

Vos parents ne deviennent qu'un véhicule pour permettre que votre être s'incarne. Votre famille ne vous offre que le terrain dûment fertilisé pour que vous puissiez œuvrer à ce que votre conscience, la Vie, a choisi. Évidemment, si vous êtes parent, si avez créé une famille… reprenez l'équation dans le bon sens.

Si vous pouvez envisager la vie sous cet aspect, votre histoire prend une tout autre dimension. Certes, elle reste votre histoire, mais elle a un sens. À ce moment vous serez comme la fleur de lotus dont la racine est dans la vase. Votre histoire vous conduit vers qui vous êtes.

Cependant, parfois, il arrive que vous ayez travaillé sur ces plans et que, malgré tout, les choses n'avancent pas. Nous voulons tout contrôler, tout comprendre. C'est possible… jusqu'à un certain point. À un certain moment, il est nécessaire de travailler à des niveaux très subtils qui se situent sur ce que l'on appelle les champs quantiques. Sur ces niveaux, on est sur les plans vibratoires, au-delà du mental.

Quoi qu'il en soit, il est possible, si vous le voulez, de lever les freins que vous rencontrez.

POSEZ-VOUS LA BONNE QUESTION

« La vie appartient à ceux qui croient
à la beauté de leurs rêves. »

Eleanor Roosevelt

La plupart des personnes cherchent en dehors d'elles ce qu'elles veulent, comme si leur destin était écrit dans les étoiles et qu'il faille qu'elles en trouvent le chemin. Combien de fois ai-je entendu des personnes en séance me dire « je ne sais pas si c'est ce que je dois faire. »

IL Y A UNE QUESTION FONDAMENTALE À VOUS POSER ET C'EST CELLE-CI : QUI SUIS-JE ?

Bien sûr, posez-la de manière ouverte, n'y apportez surtout pas de réponse, elle serait mentale.

C'est la question qui va vous permettre de vous relier à l'essence de votre être sans laquelle vous ne pourrez pas aller dans la direction que vous souhaitez.

J'imagine que certains d'entre vous vont être déçus, vont se sentir perdus car il est fort probable qu'émergent immédiatement des réponses du style «je ne sais pas qui je suis», «je ne vaux rien…». Toutes ces réponses ne sont que ce que votre mental vous dit, lui-même influencé par toutes les croyances et injonctions auxquelles vous avez adhéré. Combien de fois vous définissez-vous en regard de ce que l'on a pu vous dire?

Pour pouvoir avoir des réponses à cette question, il vous faut la poser chaque jour, non pas comme un problème mathématique qui n'aurait qu'une solution. Vous n'êtes pas un problème, vous êtes la solution. Il vous faut juste poser la question, par exemple lors d'une méditation, lors d'une promenade dans la nature, le soir avant de vous endormir, comme une graine que vous déposeriez dans le sol et que vous laisseriez pousser. Ensuite, il vous faut écouter la réponse profondément. C'est parce que nous restons en surface, sur ces croyances, sur ce que nous croyons comme définitif et immuable, que nous n'entendons pas la réponse. Il nous faut aller dans la profondeur de notre être.

C'est là que se tient votre vérité. C'est à partir de là qu'émergent vos désirs, c'est là que s'enracine l'énergie qui vous entraîne vers ce que vous voulez.

Contrairement à ce que l'on pourrait croire, c'est dans la profondeur de notre être que s'ancre notre réussite.

N'allez pas chercher à l'extérieur ce qui est déjà en vous et qu'il vous suffit d'écouter patiemment et profondément.

Si vous êtes en contact avec la profondeur de votre être, c'est de là que va émerger votre plus profond désir.

Qu'est-ce que la réussite ?

« Le succès n'est pas la clé du bonheur.
Le bonheur est la clé du succès.
Si vous aimez ce que vous faites, vous réussirez. »

Albert Schweitzer

On peut associer la réussite à une atteinte d'objectif, à un succès. C'est le niveau extérieur de la réussite, ce qui est apparent, celui où certains vont dire « il a réussi dans la vie ». En fonction de vos valeurs, vous allez orienter votre vie d'une certaine manière. Il s'agit de l'aspect intérieur, personnel, de la réussite. Les deux dimensions, intérieures et extérieures, doivent se rejoindre pour que l'on puisse parler de réussite. La réussite est avant tout un sentiment personnel.

La dynamique de réussite passe par toutes les étapes que nous avons évoquées précédemment. Ce qui va suivre va vous aider à installer cette dynamique dans votre vie.

QUEL STYLE DE VIE VOULEZ-VOUS ?

Ce que beaucoup de personnes savent, c'est qu'elles ne sont pas satisfaites. Certaines s'en contentent et sont devenues des virtuoses pour voir les obstacles au changement, d'autres nourrissent de la colère et du ressentiment contre la terre entière. Peu de personnes savent le style de vie qu'elles veulent. Et, souvent, parmi celles qui le savent, elles ne savent pas toujours comment l'atteindre.

> **LA PREMIÈRE ÉTAPE SUR LE CHEMIN DE LA RÉUSSITE EST DE SAVOIR LE STYLE DE VIE QUE VOUS VOULEZ.**

Je constate souvent que, lorsque j'évoque ce point au sujet du style de vie, beaucoup de personnes n'ont pas de réponse. Comme s'il fallait chercher quelque chose d'extraordinaire.

Réussir sa vie ne signifie pas la même chose pour tout le monde. Il n'existe pas une norme que l'on peut appliquer à chacun. Réussir sa vie dépend de vos priorités et de votre vision du monde. Certaines personnes ne voient la réussite que dans un domaine. Peut-on dire qu'une personne a réussi parce qu'elle est en vue professionnellement, parce qu'elle gagne beaucoup d'argent, parce qu'elle a une belle voiture, parce qu'elle voyage beaucoup, parce qu'elle a beaucoup d'amis… Peut-être que oui, mais peut-être que non.

Ce qui est visible extérieurement n'est pas nécessairement signe de réussite dans la mesure où tout dépend de la manière dont la personne le vit intérieurement.

Si vous avez du mal à gagner correctement votre vie, si vos fins de mois sont difficiles, peut-être pensez-vous que vous seriez heureux si vous aviez beaucoup d'argent, si vous n'aviez-pas un travail aussi fatigant… Savez-vous que certaines personnes ont beaucoup d'argent, mais qu'elles ne sont pas pour autant heureuses ? C'est peut-être pour ça que la petite phrase bien connue circule si souvent à propos de l'argent « l'argent ne fait pas le bonheur ». Soyons sérieux une seconde. Imaginez votre vie sans argent… Comment paieriez-vous votre loyer ou financeriez-vous l'achat de votre maison ? Comment pourriez-vous prendre soin de vous… ? Vous ne pourriez pas payer les soins nécessaires au maintien de votre santé, vous n'auriez plus le plaisir d'aller au cinéma, d'aller au club de sport, vos vacances auraient un air de vache maigre…

Le style de vie englobe tous les domaines de votre vie. Il concerne bien entendu tout ce qui nous est nécessaire et… le superflu. Ce qui est de l'ordre du plaisir, ce qui agrémente notre vie. Tout ce qui nous nourrit que ce soit au plan physique, affectif et relationnel, émotionnel et spirituel.

Je ne peux m'empêcher de relater ici une phrase que j'ai entendu très souvent lorsque je parle de réussite : « je n'ai pas besoin de grand-chose, je n'ai pas besoin d'une grosse voiture, d'une grande maison... ». J'entends que vous n'en ayez pas besoin, mais en avez-vous envie ? Cela pointe la question du plaisir. Un très grand nombre de personnes ne s'accordent pas de plaisir comme s'il y avait une culpabilité à se faire plaisir. Prendre conscience de ce qui nous fait plaisir est une voie vers notre désir intérieur... et peut-être le début du rétablissement vers qui vous êtes. Prendre conscience de ce qui vous fait plaisir vous reconnecte avec votre pulsion de vie et peut également vous aider à mieux définir ce que vous voulez.

Plus nous sommes nourris sur tous les plans, dans tous les domaines, plus nous pouvons redonner et plus notre vie est équilibrée.

RÉUSSIR SA VIE, C'EST TENDRE VERS UN ÉQUILIBRE ENTRE LES DIVERS DOMAINES QUI LA COMPOSENT.

Parfois, on ne s'autorise pas à rêver, à prendre en compte ce qui nous ferait plaisir parce que nous voyons que nous n'en avons pas les moyens financiers. Avez-vous pensé qu'il se pourrait que, si vous êtes vraiment aligné avec cette énergie, si elle est suffisamment juste en termes de résonance avec votre être profond, les moyens de l'obtenir vous arrivent d'une manière ou d'une autre ? Nous nous limitons avec le mental en envisageant non seulement les moyens, mais également la façon dont les choses peuvent se passer.

Je me souviens d'une personne qui souhaitait faire une formation en relation d'aide qui lui tenait vraiment à cœur, mais son budget ne le lui permettait pas. Elle parlait de cette technique à son médecin avec énormément d'enthousiasme. Celui-ci lui dit de foncer et de faire la formation, ce à quoi elle répondit qu'elle ne pouvait pas en raison de ses finances. Il lui demanda le coût, sortit son chéquier et paya sa formation.

OÙ SE TROUVE VOTRE RICHESSE ?

« Le succès n'a pas à être poursuivi :
il a à être attiré par la personne que vous devenez. »

Jim Rohn, *Stratégies de prospérité*

Plutôt que de regarder la richesse des autres et de vous vautrer dans la critique, regardez où se trouve votre propre richesse.

Dès que l'on évoque ce mot, pour la majeure partie des personnes, il est relié à l'argent et à toutes les croyances que notre rapport à l'argent nous permet de nourrir. Souvenez-vous qu'au terme richesse correspond la notion d'abondance et que cela s'applique à tous les domaines de notre vie.

Sans généraliser, j'ai souvent remarqué que certaines personnes réussissent sur les plans matériels et professionnels, mais échouent au niveau affectif. Comme si un équilibre des deux ne pouvait exister, comme si une des parties devait être sacrifiée.

L'affectif est avant tout une dimension intérieure ; il concerne tous les domaines de votre vie.

Nous le limitons généralement au seul domaine dit « affectif » : notre conjoint, nos enfants, nos proches, amis et famille. Or cette dimension va bien au-delà.

L'affectif concerne la relation que vous entretenez avec vous-même et qui se reflétera au sein de tous les domaines de votre vie : le professionnel, votre vie de couple, relationnelle, matérielle et financière, la santé. Il est le moteur, ce qui fait que vous êtes passionné(e) et enthousiaste.

Beaucoup de personnes sautent à cloche-pied dans leur vie ou jouent à la marelle. Ils sautent une case. L'affectif, l'émotionnel, n'est pas présent. Ou bien il est présent en termes de restriction. Quand ce carburant manque, il y a nécessairement des tensions qui créent déséquilibre et insatisfaction.

OSEZ VOUS EXPRIMER.
OSEZ ÊTRE QUI VOUS ÊTES.
CESSEZ D'ATTENDRE QUE LE REGARD
DE L'AUTRE VOUS VALIDE.
POUR LE MOMENT, IL VOUS INVALIDE.

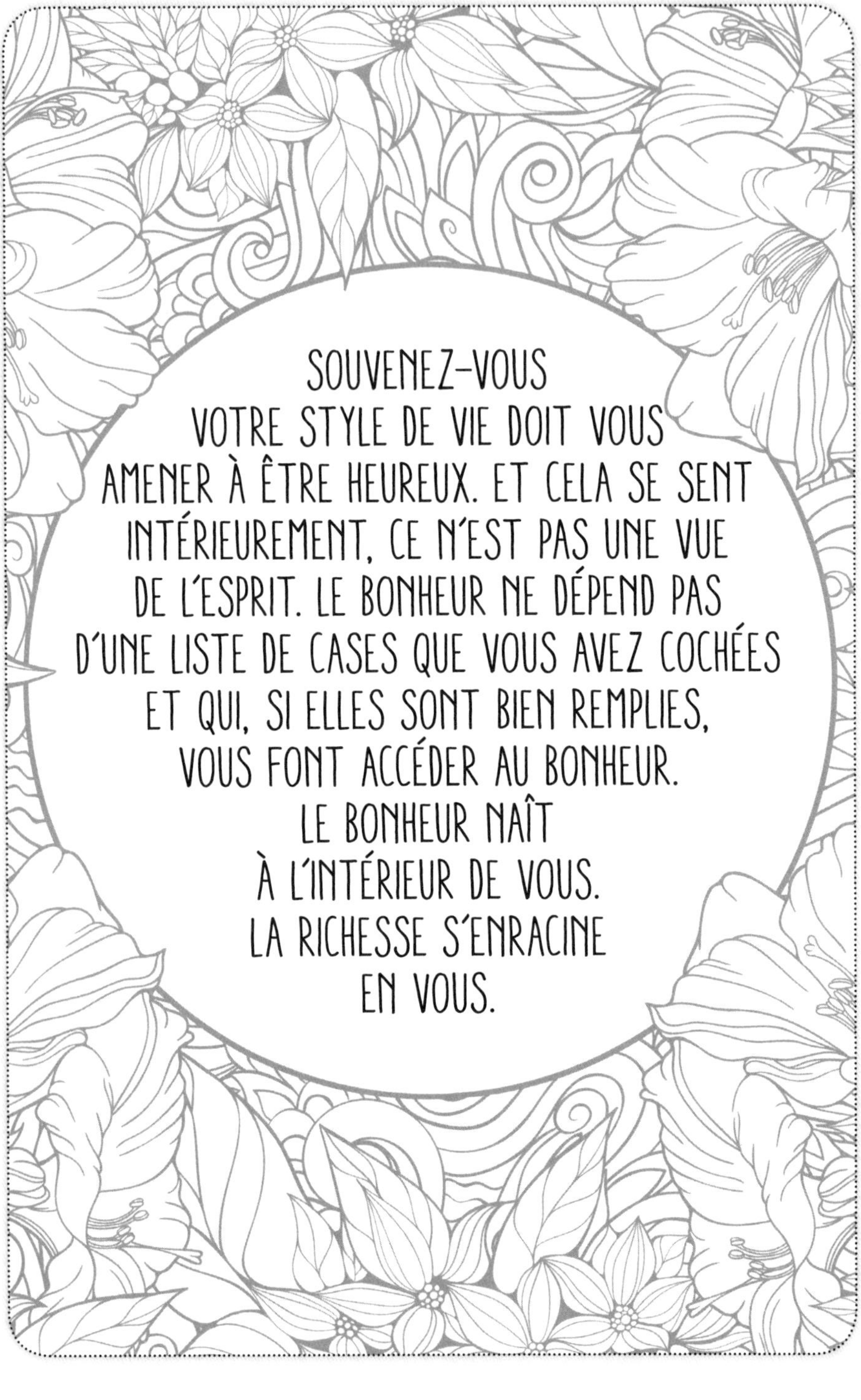

SOUVENEZ-VOUS
VOTRE STYLE DE VIE DOIT VOUS AMENER À ÊTRE HEUREUX. ET CELA SE SENT INTÉRIEUREMENT, CE N'EST PAS UNE VUE DE L'ESPRIT. LE BONHEUR NE DÉPEND PAS D'UNE LISTE DE CASES QUE VOUS AVEZ COCHÉES ET QUI, SI ELLES SONT BIEN REMPLIES, VOUS FONT ACCÉDER AU BONHEUR.
LE BONHEUR NAÎT
À L'INTÉRIEUR DE VOUS.
LA RICHESSE S'ENRACINE
EN VOUS.

La richesse est loin de s'arrêter aux possessions, aux soldes de vos comptes en banques, elle est ce que vous êtes intérieurement, ce qui fait votre singularité. Vous devez être capable de reconnaître votre propre richesse. Non seulement vous ne la perdrez jamais, mais elle vous aidera à construire vos projets car elle est le socle de votre vie.

Si, quelque part, vous sentez que vous n'êtes pas bien, revoyez ce que vous aimeriez. Une fois que vous avez vu ce que vous aimeriez, écoutez en vous les objections qui montent, tous ces petits oui mais… Regardez toutes les bonnes raisons que vous avez de repousser la décision d'améliorer votre vie, de vous occuper de vous. Je me souviens d'une personne qui est venue me consulter et qui a pris la décision de finalement démarrer ses séances … quand ça irait mieux dans sa vie ! C'est une des manières de ne jamais commencer.

Quel serait le risque si vous réalisiez vraiment ce que vous voulez ? Qui vous lâcherait ? Que penseraient vos parents, votre famille, vos amis ? Et vos collègues, vos voisins ?

Lorsque vous vous penchez sur toutes ces questions, vous vous apercevez que vous n'êtes pas aussi libre que vous le pensez de vos choix. Vous subissez une influence que vous acceptez. Cette influence n'est d'ailleurs peut-être pas réelle, elle est peut-être le produit de vos propres idées. Quoi qu'il en soit, il vous faudra vous en libérer. Il vous faudra également vous libérer de toutes les injonctions familiales qui créent vos freins.

LE REGARD DE L'AUTRE VOUS INVALIDE, NON PAS PAR SES JUGEMENTS, MAIS PAR LE POUVOIR QUE VOUS LUI ACCORDEZ.

Vous pensez sûrement qu'il y a beaucoup de choses à faire. Oui et non. Oui, si vous pensez que c'est à cause de tout ce que vous avez mis à jour que vous ne pouvez pas réussir. Non, si vous décidez de réussir, d'avancer. Dans ce cas-là, vous avez toujours les mêmes freins sur lesquels vous devez travailler, mais votre moteur est totalement différent.

Qu'apporteriez-vous au monde si vous réalisiez vos rêves ? Qu'apporteriez-vous au monde si vous incarniez ce pour quoi la Vie vous a appelé ?

LE LIEN DE VOUS À VOUS

« Chacun est le berceau d'une créativité unique qui, faute de s'accomplir est perdu à jamais. »

Martha Graham

Passer de vous à Vous, c'est vous aligner avec qui vous êtes.

POUR CELA VOUS
AVEZ BESOIN DE L'AFFECTIF,
CET INGRÉDIENT QUI DÉTERMINE
LA RELATION QUE VOUS
ENTRETENEZ
AVEC VOUS-MÊME.

Quand vous êtes aligné avec qui vous êtes, avec votre âme, avec votre être profond, avec votre essence, vous ressentez la confiance, la solidité intérieure, une connexion avec un espace plus grand que vous. Vous savez que tout est juste. Vous êtes vraiment dans l'instant présent. Certaines personnes disent que, si nous nourrissons des doutes, nous ne pouvons pas être alignés. Personnellement, je vois les choses sous un angle différent : si vous êtes aligné, vous n'avez pas de doutes. Votre énergie s'amplifie car vous êtes connecté avec votre source et il y a un mouvement de régénération qui vous rend créatif, qui alimente toute votre vie.

Lorsque vous êtes aligné avec qui vous êtes, votre vie devient plus facile car vous ne ramez plus à contre-courant, vous cessez de lutter.

Être aligné vous apporte la paix car il n'y a plus de conflit entre vous et Dieu (la Source, l'Univers…).

C'est un état intérieur de détente et de bien-être qui s'instaure.

Je ne suis pas en train de vous dire que cet état d'alignement est constant. Ce n'est pas du 7/7, 24 h/24. Il combine plusieurs choses : l'instant présent, le centrage, le ressenti (ou intériorité). Tout cela s'apprend, surtout au départ. Ensuite, il s'agit d'un art de vie qui, je vous rassure, ne vous demande pas de quitter votre famille, votre job et de vous isoler dans une grotte. C'est tout simplement un retour à soi.

Dans ce qui va suivre, je vais vous aider en vous posant quelques questions pour que vous puissiez « évaluer » l'écart entre vous et Vous. Ensuite, je vous proposerai un chapitre pour vous aider spécifiquement à atteindre cet état.

Faisons le point à l'aide de quelques questions afin de repérer, dans les différents domaines de votre vie, si vous êtes aligné. Si vous l'êtes l'affectif est là, sous forme de désirs, d'enthousiasme, d'énergie intérieure..., vous vous sentez en congruence avec ces domaines.

Dans un domaine en particulier, il peut y avoir certains sous-domaines où vous êtes aligné et d'autres non.

Ne vous rangez pas dans des cases, ne vous étiquetez pas, vous seriez encore dans vos limitations. Essayez juste de repérer le terrain, de voir si vous vous sentez en congruence.

Dans le domaine professionnel, est-ce que vous avez l'impression de :

- Vous ennuyer dans votre travail, d'être insatisfait de ce que vous faites, de vous sentir obligé de travailler pour payer vos factures, ne pas vous sentir reconnu, d'avoir moins réussi que les autres, d'avoir raté quelque chose dans votre vie...

Si vous vivez une de ces situations, vous marchez à cloche-pied, vous êtes en souffrance au niveau professionnel.

Mettre de l'affectif au niveau professionnel, être aligné avec qui l'on est, implique que vous soyez heureux de vous lever le matin pour travailler parce que vous êtes motivé. Cela implique également que c'est de l'énergie que vous donnez, vous apportez quelque chose à quelqu'un, vous faites la différence dans la vie de quelqu'un... En résumé, vous aimez ce que vous faites et, même si vos moyens financiers vous permettaient de vous arrêter de travailler, vous continueriez à faire ce que vous faites, mais vous le feriez peut-être différemment.

Même si vous êtes salarié dans une entreprise, vous pouvez faire la différence dans la vie de quelqu'un. Lorsque vous vous occupez d'un dossier, souvenez-vous qu'il y a quelqu'un au bout pour lequel votre diligence, votre sérieux, votre compétence, votre motivation, votre engagement, fait la différence.

Pour vous aligner au niveau professionnel : imaginez que vous rencontriez une fée qui peut vous aider à changer ce qui ne va pas. Comment verriez-vous votre travail si tout était possible ? Faites la liste.

- Si vous avez une activité indépendante, il s'agit parfois de réorienter notre façon de faire pour se sentir aligné.
- Si vous êtes salarié, il existe des centres de bilan de compétences qui peuvent vous accompagner pour vous aider. Un bilan de compétences bien mené doit vous aider à voir vos points forts et vos points faibles. Il tient compte de vos aspirations, de vos compétences, de vos acquis. Il va vous aider à engager un projet professionnel, éventuellement déboucher sur une validation des acquis de l'expérience (VAE), voire vous conduire vers une formation appropriée.
- Vous pouvez également vous faire accompagner par un coach spécialisé au niveau professionnel.
- Si vous êtes en recherche d'emploi, outre les deux pistes précédentes, peut-être est-ce le moment de vous questionner et de vous repositionner. Parfois, il faut un temps de jachère à la terre avant que l'on puisse replanter.

Souvent notre activité professionnelle est teintée par une volonté de réussir qui se cache derrière une envie de prouver quelque chose à quelqu'un. Derrière tous ces moteurs extérieurs qui nous éloignent de qui nous sommes et de ce que nous voulons, il y a nos souffrances, tout ce que nous percevons comme étant des échecs. J'ai vu beaucoup de personnes compenser leur manque de reconnaissance au niveau familial par une course à la réussite professionnelle. Dans un cas comme ça, c'est comme si une part de vous disait : « regardez, je ne suis pas si nul que ça. J'ai réussi ». Bien sûr que même si votre motivation, bien entendu inconsciente, est dans cette dynamique, cela n'enlève rien à votre réussite, cependant vous ne serez pas en paix avec vous car vous serez toujours dans l'attente que les autres, l'extérieur, vous reconnaissent.

Dans le domaine affectif, est-ce que vous avez l'impression que :

- il n'y a pas de communication, que vous ne vous sentez pas respecté, que vous vous sentez seul alors que vous êtes en couple…

Si vous ressentez une de ces situations, vous n'êtes pas aligné. La relation de couple doit pouvoir être fluide et se vivre dans l'échange et le respect mutuel. Elle doit vous nourrir.

C'est un domaine délicat et dans lequel les empreintes de notre histoire laissent des traces. Et ces traces ne ressemblent pas à des pattes de chat, mais ont plutôt l'allure de pattes d'éléphant ! Cependant, rien n'est perdu et il est toujours possible de travailler ce domaine.

TOUTES CES ÉMOTIONS
SONT LES TRACES DE NOTRE HISTOIRE,
ENCORE ENFOUIES EN NOUS, ET QUI NOUS
EMPÊCHENT D'AVANCER VERS CE QUE
NOUS VOULONS. SI VOUS N'ALLEZ PAS VERS
CE QUE VOUS VOULEZ, CE N'EST PAS LA FAUTE
DES AUTRES, CE N'EST PAS PARCE QUE VOUS
AVEZ EU UNE ENFANCE DIFFICILE...
C'EST PARCE QUE LE BARRAGE
DE VOS ÉMOTIONS EST
TOUJOURS ACTIF.

Plus que jamais, ici, il vous est nécessaire de commencer à vous respecter en établissant les valeurs sur lesquelles vous souhaitez bâtir votre couple.

Une fois que vous avez établi ces valeurs, regardez si elles étaient présentes dans les relations que vous avez pu vivre. Et aujourd'hui, quels seraient les obstacles à une vie de couple qui corresponde à vos valeurs ?

Tous les obstacles qui peuvent émerger sont les lieux sur lesquels vous devez travailler car ils sont encore les traces émotionnelles d'histoires non digérées (enfance, famille, couple...).

Dans le domaine matériel, est-ce que vous avez l'impression que :

- Vous n'êtes pas satisfait de ce que vous avez, que les autres sont mieux lotis que vous, que les autres ont plus de chance...

Si vous vous reconnaissez dans les propositions précédentes, c'est que vous n'êtes pas aligné. Il est parfois plus facile de voir ce qui se passe chez les autres que de se tourner vers soi. Ce regard que l'on porte sur l'autre se fait à travers le filtre de notre insatisfaction.

Vous aligner au niveau matériel : il y a sûrement des choses qui vous feraient plaisir. Voyez ce qu'il est possible de faire dans ce sens. Lorsque vous arrivez à une satisfaction sur le plan matériel, prenez le temps de savourer votre bien-être. Beaucoup de personnes ont tendance à ne pas le faire parce qu'il s'agit d'une petite chose. N'oubliez pas qu'un petit pas est le début sur le chemin. Un petit pas n'est pas moins important qu'un grand.

N'oubliez pas la gratitude, même pour les petites choses. À force de se concentrer sur nos manques, quels qu'en soient les domaines, nous oublions de voir ce qui est nourrissant pour nous. C'est comme si ça ne valait pas le coup de s'y arrêter parce que c'est « normal », c'est ordinaire. Nous tournons les pages de nos acquis, comme nous feuilletterions un livre inintéressant.

Dans le domaine financier, est-ce que vous avez l'impression que :

- Vous n'avez pas assez d'argent, que vos efforts ne sont pas rémunérés à leur juste mesure, que vous ne savez pas gérer votre budget, vous avez toujours peur de manquer…

Il me semble un peu plus difficile de faire le constat à partir du domaine financier parce qu'il découle justement de votre alignement intérieur, de votre énergie. Lorsque ce domaine est en souffrance, il souligne un problème à un autre niveau. Je suis certaine que, lorsque vous serez aligné, le domaine financier s'allégera.

S'aligner au niveau financier : peut-être vous faut-il revoir votre rapport à l'argent et/ou réajuster certains éléments de votre gestion financière, vous aligner dans les autres domaines.

L'argent est la manifestation d'un système d'échange dans le monde matériel. C'est comme une source. Si la source est détournée, il coulera peu d'eau. Si elle est bouchée, vous ne verrez rien. Si elle coule naturellement, vous ne vous posez même pas la question. Je compare le côté financier à cette source, l'argent étant la manifestation de votre énergie.

- Une petite astuce cependant : vous êtes aligné au niveau financier s'il y a un mouvement de circulation de l'argent. C'est comme une respiration, il doit y avoir des entrées et des sorties. Vous devez être fluide avec cela.
- Autre astuce : si vous souhaitez gagner plus d'argent, cela n'indique pas nécessairement que vous ne soyez pas aligné. Vous devez prendre en compte la manière dont

vous allez activer cette source, c'est là que vous allez voir votre alignement.

J'aimerais vous relater une conversation que j'ai eue avec un ami britannique qui possède une grande entreprise en Angleterre. Après avoir connu le chômage à trois reprises, il a réfléchi à ce qu'il aurait aimé faire et il a ouvert un commerce. Il avait sans cesse en tête la satisfaction de ses clients et réfléchissait toujours à ce qu'il pouvait faire pour l'améliorer. Porté par son succès, il a ensuite créé son entreprise actuelle, qu'il a tellement développée qu'elle compte maintenant un grand nombre d'employés. Je lui ai parlé de ce livre que j'écrivais et nous avons parlé argent et réussite. Sa réponse a été nette : « L'important n'est pas ce que tu gagnes, mais le service que tu apportes à tes clients. » Il m'a encore confié : « Bien sûr, il y a des moments où je dois me préoccuper de l'argent, mais si je pense argent, les affaires ne marchent pas correctement. Si je pense à ce que je peux améliorer pour mes clients, à ce moment j'ai des contrats et l'argent suit. »

De même ce couple d'amis, en retraite, qui avait un commerce florissant. Lorsqu'ils évoquent leur succès, ils évoquent aussi les difficultés qu'ils ont rencontrées, mais surtout le service à la clientèle et la passion qu'ils avaient et qu'ils ont toujours de leur métier et des clients. L'argent est également pour eux le résultat de cette dynamique.

Un autre ami, en région parisienne, possède plusieurs magasins. C'est un passionné qui cherche à satisfaire ses clients en leur offrant le meilleur en termes de qualité. Non seulement il le répète parce que, dès que nous parlons commerce, il devient intarissable, mais il est aussi intarissable sur le style de vie qu'il voulait et qu'il a. Nous nous voyons sur notre lieu de vacances et j'aime ce qu'il dit : « Je suis vraiment heureux. J'ai la vie que je veux, je fais ce que je veux, je suis dans un lieu de vacances magnifique, c'est quand même super. »

Ces trois exemples montrent deux choses : la première c'est la passion pour ce qu'ils font et l'importance qu'ils accordent à faire la différence dans la vie de leurs clients. La seconde est que la réussite est le résultat de cette dynamique.

VOTRE RÉUSSITE DÉPEND
DE LA DIFFÉRENCE QUE VOUS FEREZ
DANS LA VIE DES AUTRES.
ET SI VOUS FAITES UNE DIFFÉRENCE
DANS LA VIE DES AUTRES, VOUS VERREZ
UNE DIFFÉRENCE DANS VOTRE VIE.
FAIRE LA DIFFÉRENCE DANS LA VIE
DES AUTRES NE SIGNIFIE PAS
VOUS METTRE ENTRE
PARENTHÈSES.

Comme je le disais plus haut, il y a une souffrance au niveau professionnel. Je constate un grand manque de motivation de la part de beaucoup de personnes. Peut-être, vous qui êtes en train de lire ce livre, n'êtes-vous pas à votre compte, mais employé dans une entreprise et vous ne vous sentez pas concerné. Détrompez-vous, vous l'êtes tout autant.

Comment vous sentez-vous lorsque vous rentrez chez vous le soir ?

Comment vous sentez-vous si vous avez fait la différence dans la vie des autres ? Certes, il y a peut-être des choses que vous ne pouvez pas changer parce que vous n'êtes pas le patron, mais vous pouvez répondre aimablement, vous pouvez sourire, vous pouvez essayer de faire du mieux que vous pouvez, vous pouvez être heureux de savoir que le client face à vous est entendu et pris en considération. Même si le client n'est pas face à vous, mais que vous traitez un dossier, ayez la même conscience. Et à la fin de la journée, regardez la différence que cela fait pour vous d'avoir travaillé dans cette dynamique. Vous ne changerez peut-être pas les dysfonctionnements, mais vous serez dans une autre dynamique. Non seulement vous aurez la satisfaction d'avoir fait la différence pour le client dont vous vous êtes occupé, mais vous aurez aussi fait la différence pour vous.

Faites l'essai quelques jours et regardez à la fin de la journée dans quelle énergie vous êtes. Je suis certaine qu'en considérant les choses sous l'angle précédent, vous aurez beaucoup moins de fatigue. Peu à peu, vous constaterez que vous voyez votre vie autrement et il est possible également que, professionnellement, vous ayez une idée de changer de travail en sachant ce qui est important pour vous. Vous investirez votre place, une opportunité peut aussi se présenter.

Cela peut s'appliquer à tous les métiers : en usine – si vous fabriquez quelque chose, n'oubliez pas qu'au bout il y a un client qui est heureux d'acheter sa voiture, son vêtement… ; dans un laboratoire – il y a des personnes malades pour lesquelles la conscience professionnelle que vous avez à vérifier les produits est vitale… ; dans l'administration – il y a derrière le dossier que vous traitez une personne qui est heureuse que vous vous soyez occupé de ce problème…

Votre travail est le maillon d'une relation avec d'autres personnes, même si elles vous sont inconnues. Il y a toujours une interdépendance.

J'accompagne des personnes au niveau professionnel et j'interviens dans le cadre de la formation en entreprise. Je suis absolument consciente de la pression des objectifs qui pèsent sur les personnes. Il faut traiter un certain nombre de dossiers. Du coup vous voyez objectif dossiers et vous en oubliez le reste. Vous faites votre travail avec rancœur, dans la contrainte et vous arrivez épuisé le soir. Et c'est normal. Cependant, je suis certaine que si vous arrivez à voir votre travail de la manière que je vous ai exposée plus haut, vous vous sentirez moins frustré, vous allez retrouver de la joie, vous allez avoir des projets… Quoi que vous fassiez, posez-vous la question : **comment est-ce que je fais la différence dans ce que je suis en train de faire ?**

LORSQUE VOUS ÊTES ALIGNÉ
AVEC QUI VOUS ÊTES, VOUS ÊTES ALIGNÉ
AVEC LES LOIS COSMIQUES.
LORSQUE VOUS ÊTES ALIGNÉ
AVEC QUI VOUS ÊTES, LA FLUIDITÉ COULE
DANS VOTRE VIE.

Cultivez l'être plutôt que le faire

Les points soulignés dans ce chapitre vous parlent de l'être, de votre intérieur. C'est cet espace qui sera toujours votre fil conducteur et ce sur deux niveaux :

- pour vous aider à vous centrer et pouvoir vous projeter vers ce que vous voulez,
- comme point de repère pour savoir si vous êtes juste ou non (envers vous-même évidemment).

Nous sommes des êtres humains qui agissons le plus souvent comme des faires humains. Nous nous attachons à l'extérieur, à des résultats et nous perdons le chemin de notre âme. Outre toutes les insatisfactions déjà citées, c'est un état de souffrance que nous entretenons.

Plus vous êtes en relation avec votre être, plus vous sentez votre espace intérieur comme vaste, fluide, vibrant. Vous augmentez votre niveau vibratoire et vous sentez l'accord avec l'univers, vous êtes dans une disposition favorable à la réalisation de vos rêves et de vos objectifs.

Ne pensez pas que ça ne soit important que pour une question spirituelle, ça l'est aussi pour le matériel. C'est cette part de votre être qui va entrer en connexion avec la Source et celle-ci va « répondre ». La réponse que vous allez obtenir sera la manifestation matérielle.

- Réfléchissez au fait que ce que vous voyez de votre vie est imprégné de votre être.

Peut-être allez-vous rapidement conclure que votre être est plutôt maigre. Je vous rassure, il n'est pas maigre, vous lui tapez dessus, vous le censurez, vous le muselez, vous lui envoyez un vacarme assourdissant de principes mentaux…

Bien sûr que ce que nous faisons est important, mais nous avons mis en avant l'action sans bien avoir de point de départ. Ou bien nous envisageons une sorte de résultat sans bien savoir d'où il vient.

C'est comme un fleuve, il y a une source. Cette source, c'est vous, votre être.

Nous allons faire un petit test : si l'on vous demandait de parler de vous, que diriez-vous ?

- Je suis…
- Je suis…
- Je suis…
- Je suis…
- Je suis…

Ou plutôt : j'ai fait…

- J'ai fait…
- J'ai fait…
- J'ai fait…
- J'ai fait…

Pendant des années, je n'ai pas arrêté de faire. Faire des études, faire toujours plus d'efforts vers quelque chose de nouveau. Je ne me rendais pas compte que j'étais à l'extérieur de moi et non dans le présent. Et plus je faisais, moins je voyais de résultats satisfaisants. J'étais dans une forme de lutte où j'utilisais une énergie phénoménale.

Un jour, j'ai juste eu une prise de conscience et j'ai arrêté de faire. Et ça s'est fait… tout seul. Les solutions sont venues, les choses venaient à moi. Je constatais un mouvement naturel, un flux et un réel mieux être personnel.

Cela ne veut pas dire que je me suis assise et que j'ai attendu que ça vienne.

J'entends déjà la question que vous vous posez? Comment faire? Il n'y a rien à faire pour être, juste à être.

C'EST UNE QUESTION D'ORIENTATION DE VOTRE CONSCIENCE.

En étant dans l'être, vous générez le mouvement car vous devenez moteur de l'action par votre présence. Vous allez poser les actions justes et nécessaires pour aller vers ce que vous voulez.

- L'être implique que nous vivions au présent avec son infini champ de possibilités qu'il va déployer.
- Le faire implique que nous répondons au passé dans ses aspects négatifs le plus souvent.

CEPENDANT,
NE CONFONDEZ PAS LE FAIT D'ÊTRE DANS L'ÊTRE AVEC L'IDÉE DE NE PAS POSER D'ACTION. L'ACTION QUE VOUS ALLEZ DEVOIR POSER SERA CONSÉCUTIVE À VOTRE ÉTAT D'ÊTRE. PLUTÔT QUE LE TERME D'ACTION, JE PARLERAIS D'ENGAGEMENT.

Plus vous allez cultiver cette notion d'être, plus vous allez être aligné et vous n'aurez pas d'efforts inutiles à faire pour que votre vie aille dans le sens que vous souhaitez.

Depuis le nombre d'années que j'accompagne des personnes que ce soit en individuel ou en groupes, je constate combien on ne sait pas être à l'écoute de son ressenti, combien on est en décalage, combien on est loin de son corps.

Cela vous étonne peut-être que je parle du corps dans le propos de l'alignement. C'est pourtant lui qui va être votre indicateur.

Comme je vous l'ai dit plus haut, lorsque vous êtes aligné, vous ressentez un état de bien-être intérieur. Tout vous semble juste, comme quelque chose qui est à sa juste place, bien emboîté. C'est une sensation physique et pas seulement un point de vue mental. Cependant trop de personnes ne sont capables d'être conscientes de ce qu'elles ressentent que lorsque cela est douloureux. Comme si le ressenti se limitait à la douleur ou à quelque chose d'extraordinaire qui nous serait étranger et dont nous cherchons mentalement la forme que cela pourrait avoir. De plus, nous avons si peu de conscience que nous ne savons pas apprécier lorsque les choses vont bien, pire, cela passe au rang de la banalité… et donc inaperçu.

Je vais vous proposer des exercices pour vous aider à vous connecter à votre ressenti. Une fois que vous aurez pris cette habitude, non seulement, bénéfice non négligeable, vous vous sentirez mieux, mais cela vous permettra de savoir très vite lorsque vous êtes ou non aligné.

SOUVENEZ-VOUS QUE SI VOUS AVEZ DES DOUTES, VOUS N'ÊTES PAS ALIGNÉ(E). L'ALIGNEMENT GÉNÈRE AUTOMATIQUEMENT UNE SENSATION DE BIEN-ÊTRE.

Ce qui se passe souvent, c'est que lorsque nous sommes dans une situation un peu délicate, voire perturbante, nous n'écoutons pas notre corps. Pourtant le message est là. Nous ne faisons pas confiance à notre ressenti tant nous sommes occupés à chercher une solution au niveau mental. Plus vous aurez cette capacité à revenir vers vous, à ressentir calme, détente et bien-être, moins vous perdrez d'énergie parce que vous saurez, de manière quasi instantanée que c'est juste ou non.

Apprendre à reconnaître vos sensations – je constate que les personnes cherchent des choses vraiment compliquées en ce qui concerne leurs sensations. Ce n'est pas qu'elles ne ressentent rien, mais elles ne savent pas le reconnaître parce qu'elles cherchent… avec leur tête.

Les exercices suivants que je vous invite à pratiquer vont vous être utile à plusieurs niveaux :

- apprendre à vous aligner,
- apprendre à reconnaître vos sensations,
- vous aider à vous connecter à votre intuition.

Les sensations passent par le filtre du ressenti corporel.

Apprenez à reconnaître vos sensations

Debout, les pieds à plat sur le sol (déchaussés), les bras le long du corps, fermez les yeux si cela vous est possible. Commencez par contracter vos orteils comme si vous vouliez saisir un stylo, puis intensifiez votre contraction de manière à contracter tout votre pied. Ressentez ce qui se passe en vous, plus particulièrement au niveau des pieds et des jambes lorsque vous êtes ainsi contracté. Puis détendez-vos pieds. Répétez 3 fois l'exercice.

Une fois que vous avez terminé, est-ce que vous ressentez des sensations particulières dans votre corps comme l'impression des pieds plus chauds, plus larges, plus grands, plus froids…

Notez cela sur un papier.

Apprenez à vous aligner ; à sentir votre corps et à écouter vos intuitions

Toujours debout, dans la même position. Passez doucement le poids de votre corps vers l'avant de manière à ce que vos talons soient à la limite de se décoller. Sentez ce qui se passe dans votre corps.

Vous allez notamment sentir que les muscles de vos cuisses à l'avant se contractent ainsi que peut-être vos orteils. Vous allez sentir qu'il y a plus de poids vers l'avant du pied que vers l'arrière. Observez tout cela. Et revenez dans la position de départ.

Puis dans un second temps, faites l'inverse. Passez le poids du corps vers l'arrière, à la limite de décoller vos orteils. Sentez ce qui se passe. Prenez conscience que vos muscles des jambes se contractent ainsi que vos fessiers. Prenez également conscience qu'il y a peut-être des tensions parasites.

Ces observations que vous notez sont des sensations. Elles vous semblent peut-être banales parce que normales, cependant elles sont un lien qui vous permet de faire un retour vers vous, vers votre corps.

Combien de fois sentons-nous des tensions, voire un mal-être, et nous n'écoutons pas ce message du corps. Chaque fois que vous procédez ainsi, vous vous éloignez de vous. Comment voulez-vous entendre quelque chose de plus fin comme votre intuition ? Comment voulez-vous être aligné si vous vivez à la périphérie de votre corps ?

Ne cherchez pas quelque chose d'extraordinaire, revenez au plus simple, à vous, à votre base. Plus vous agirez ainsi, plus votre corps vous livrera de messages subtils que vous saurez entendre et plus vous augmenterez votre confiance en vous. Vos doutes s'effaceront d'eux-mêmes parce que vous vous installerez dans la certitude.

Apprenez à vous replacer dans un état de bien-être

Dans cet exercice je vous invite à repérer les moments où vous vous sentez bien. Ça peut être par exemple, dans un bain, après avoir couru, après avoir écouté une chanson, après une lecture, dans un moment de méditation…

- Lorsque vous êtes dans cet état de bien-être, prenez le temps de l'accueillir, de le savourer, de vous en réjouir.
- Dans un second temps, faites appel au souvenir d'un de ces moments où vous avez ressenti du bien-être et observez comment vous retrouvez cet état dans votre corps.

Plus vous allez prendre l'habitude de ressentir les moments de bien-être, de les savourer, plus ils vont s'installer dans la durée et plus vous saurez les reconnaître. Ainsi lorsqu'une situation se présentera, vous sentirez instantanément si elle génère du bien-être ou non. Si oui, alors vous êtes aligné avec votre être profond, **vous êtes en congruence avec vos désirs et vos choix.**

RETROUVER LE CHEMIN
DE L'ÊTRE HUMAIN
PASSE PAR L'ALIGNEMENT
AVEC QUI VOUS ÊTES.

APPRENEZ À VOUS ALIGNER

« Votre temps est limité, ne le gâchez pas en menant une existence qui n'est pas la vôtre. Ayez le courage d'écouter votre cœur et votre intuition. Tout le reste est secondaire. »

Steve Jobs

Aller chercher l'être à l'extérieur est le meilleur moyen de passer à côté de soi-même.

Personne ne saura pour vous, même si on veut vous le faire croire, ce qui est juste ou non. La réussite passe par là. Tout cela dépend de vous, de vos aspirations et vous devez apprendre à vous faire confiance. Cet être que vous êtes est toujours en lien avec vous et s'exprime de mille et une manières. Malheureusement, ce que nous percevons, nous ne l'écoutons pas, nous le repoussons et nous continuons à crier haut et fort « je veux me connaître, je veux être en relation avec moi, je veux être moi mais je ne sais pas qui je suis. »

Ce que vous êtes, c'est-à-dire votre être, vous parle, mais vous lui rabattez le caquet. Et si votre stress était une des voies d'expression de votre être, et si vos rêves nocturnes vous donnaient une solution à vos interrogations, et si vos rêves et vos désirs étaient un lien avec votre être ? Et si tout ce que vous rejetez, c'était le moyen qu'avait votre être intérieur pour clamer haut et fort « stop, écoute-moi » ?

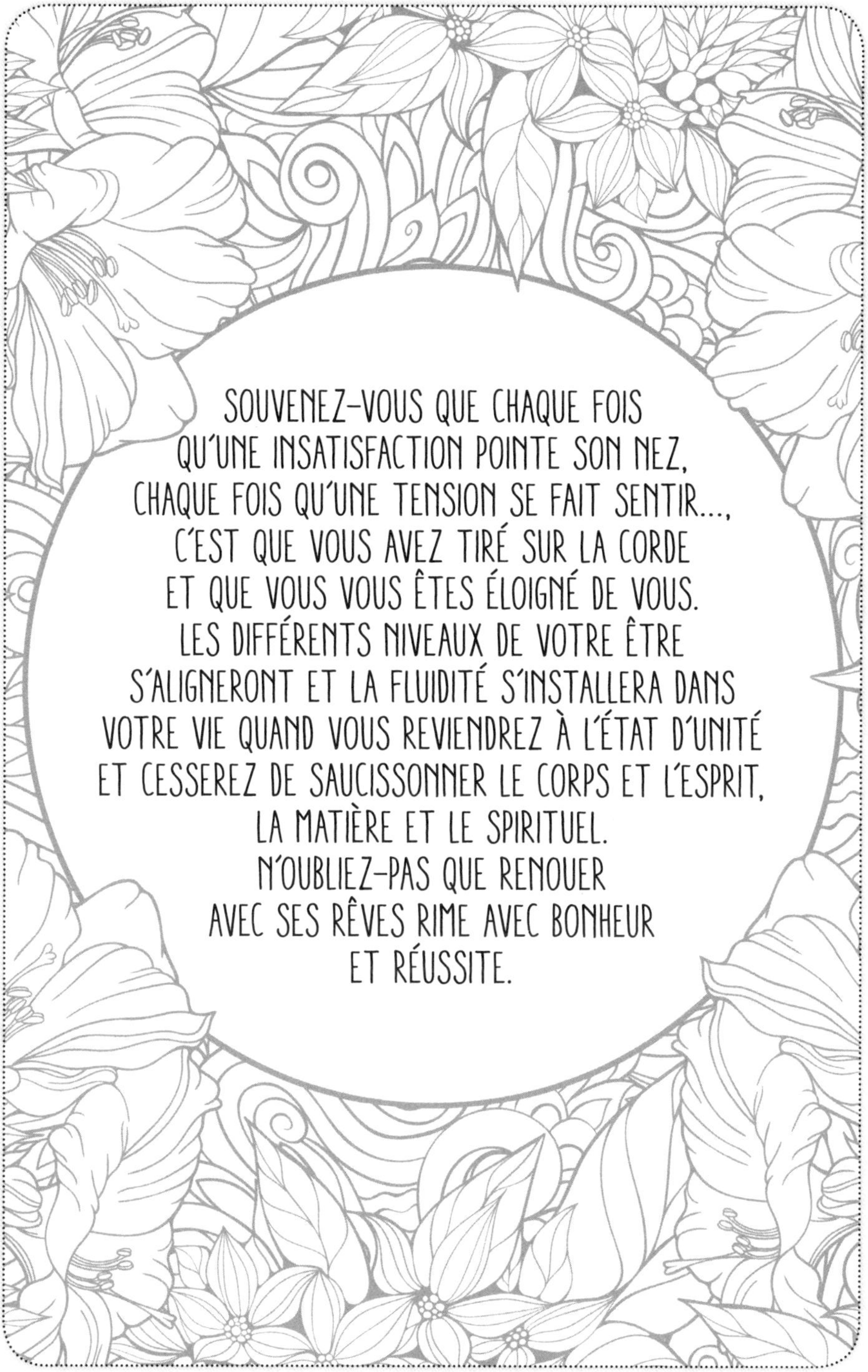

SOUVENEZ-VOUS QUE CHAQUE FOIS
QU'UNE INSATISFACTION POINTE SON NEZ,
CHAQUE FOIS QU'UNE TENSION SE FAIT SENTIR...,
C'EST QUE VOUS AVEZ TIRÉ SUR LA CORDE
ET QUE VOUS VOUS ÊTES ÉLOIGNÉ DE VOUS.
LES DIFFÉRENTS NIVEAUX DE VOTRE ÊTRE
S'ALIGNERONT ET LA FLUIDITÉ S'INSTALLERA DANS
VOTRE VIE QUAND VOUS REVIENDREZ À L'ÉTAT D'UNITÉ
ET CESSEREZ DE SAUCISSONNER LE CORPS ET L'ESPRIT,
LA MATIÈRE ET LE SPIRITUEL.
N'OUBLIEZ-PAS QUE RENOUER
AVEC SES RÊVES RIME AVEC BONHEUR
ET RÉUSSITE.

Pour cela nous allons considérer les différents niveaux de l'être.

Les différents niveaux de l'être

Arrivé à ce point vous avez compris qu'il vous faut changer votre point de vue et ne rien attendre de l'extérieur car l'extérieur répond à votre intérieur. Avoir la vie de vos rêves dépend de vous et pour y parvenir vous allez devoir considérer trois niveaux que j'appellerai les trois niveaux d'existence.

Le premier niveau est le niveau physique. Il concerne non seulement le corps, mais l'incarnation au sens large du terme dans le sens de la matière.

Le second est le psychique qui concerne les émotions et les pensées. Enfin, le dernier est le niveau spirituel dont le niveau précédent fait partie, mais que je considérerai ici dans un sens beaucoup plus large de votre rapport avec l'Univers.

Le niveau physique

Cet espace recouvre non seulement le côté corporel, mais également tout ce qui est de l'ordre du matériel. Il est de l'ordre de ce que j'appellerai la manifestation. Souvenez-vous qu'au début je vous ai expliqué que la matière était de l'énergie densifiée. Ce que vous voyez est un résultat de niveaux plus subtils. Il y a une partie inconsciente (du moins en l'état actuel de ce que nous connaissons) et une partie sur laquelle nous pouvons intervenir. Seulement, ce n'est pas au niveau purement physique que nous allons intervenir. Au niveau physique, nous sommes dans le monde de la forme et la forme naît ailleurs. C'est sur cet ailleurs que nous allons pouvoir intervenir.

Cependant, reconnaître ce côté physique, cette manifestation, l'accueillir sont des phases importantes si nous voulons transformer notre vie.

Si nous regardons inlassablement ce qui ne va pas, ce qui ne nous plaît pas en cultivant toujours la plainte, nous le renforcerons et nous restons sur le même niveau de conscience. C'est comme si nous disions « ça ne vaut rien ». Nous ne pouvons nier ce qui existe, nous devons en tenir compte.

Certes, le premier point est de voir ce qui ne nous plaît pas, ce que nous n'aimons pas, car c'est bien le résultat d'un espace en nous qui s'exprime sous cette forme. Au-début, ça n'est pas facile et c'est surtout le jugement que nous y posons. Ensuite, lorsque vous comprenez que c'est un plan de conscience sur lequel vous fonctionnez, vous pouvez voir autrement ce qui se passe et vous ouvrir à une possibilité de quelque chose de meilleur. C'est un peu comme dire « c'est bien et je veux encore mieux. »

Nous avons besoin de cet espace matériel puisque nous sommes des êtres incarnés. C'est dans cet espace que se manifestent non seulement l'expression du psychisme, mais également le lien avec le niveau spirituel. Les trois niveaux sont reliés et sont interdépendants. Nous fonctionnons sur ces trois plans, même si nous n'en avons pas toujours conscience.

En ce qui concerne le sujet de cet ouvrage, la réussite, c'est vraiment à ce niveau qu'elle s'exprime, et beaucoup de personnes ne s'arrêtent qu'ici sans considérer les autres niveaux qui sont tout autant importants, sinon plus. Lorsque vous vous arrêtez au résultat, vous vous situez souvent au niveau de réussir dans la vie plutôt que celui de réussir votre vie.

CE QUE VOUS ÉVALUEZ EN TERMES
DE RÉUSSITE, QUEL QUE SOIT
LE DOMAINE, EST LA MANIFESTATION
DE L'ÉQUILIBRE DES TROIS NIVEAUX
D'EXISTENCE EN VOUS.
SUR LE PLAN MATÉRIEL EN TERMES
DE MANIFESTATION, DE RÉSULTAT,
SUR LE PLAN PSYCHIQUE EN TERMES DE PENSÉE,
DE DÉSIR, DE CHOIX, D'ÉMOTION, D'ENGAGEMENT,
SUR LE PLAN SPIRITUEL EN TERMES
D'INTERACTION AVEC L'UNIVERS.

Je parlerai également ici de l'ego. L'ego est tout ce qui constitue notre personnalité. L'ego est également empreint du niveau psychique d'existence. Ces deux espaces s'imbriquent et nous vivons dans l'illusion que nous sommes ce corps, que nous sommes nos pensées, nos émotions. Or ce qui s'exprime dans notre corps est la manifestation de notre niveau de conscience. Changez de niveau de conscience et vous verrez votre corps changer. Nous sommes également, pour certains, extrêmement dépendants de nos possessions matérielles auxquelles nous attribuons le pouvoir de notre bonheur. Dans ce cadre-là, c'est se situer plus au niveau matériel.

Si certaines personnes sont très ancrées sur ce plan, d'autres le rejettent. Elles le rejettent alors qu'elles pensent être dans une dynamique spirituelle. Elles sont dans une séparation du monde matériel et spirituel. Cette séparation crée une souffrance au niveau de leur âme, c'est-à-dire à un niveau beaucoup plus profond de leur être.

- Le plan d'existence matériel manifeste l'ensemble des trois niveaux. Il le rend visible en quelque sorte et nous ne pouvons pas en rejeter un. En revanche, il est nécessaire de trouver un équilibre. Trouver un équilibre n'empêche pas la réussite, loin de là, car la réussite est la manifestation de l'équilibre des plans de votre Être. Votre âme, le niveau spirituel, a besoin de se réaliser dans le plan matériel.
- Nos niveaux de conscience se manifestent dans la matière, changez de niveau de conscience et votre vie changera.

Que mettez-vous derrière le mot réussite ? La réussite recouvre tellement de domaines différents pour chacun.

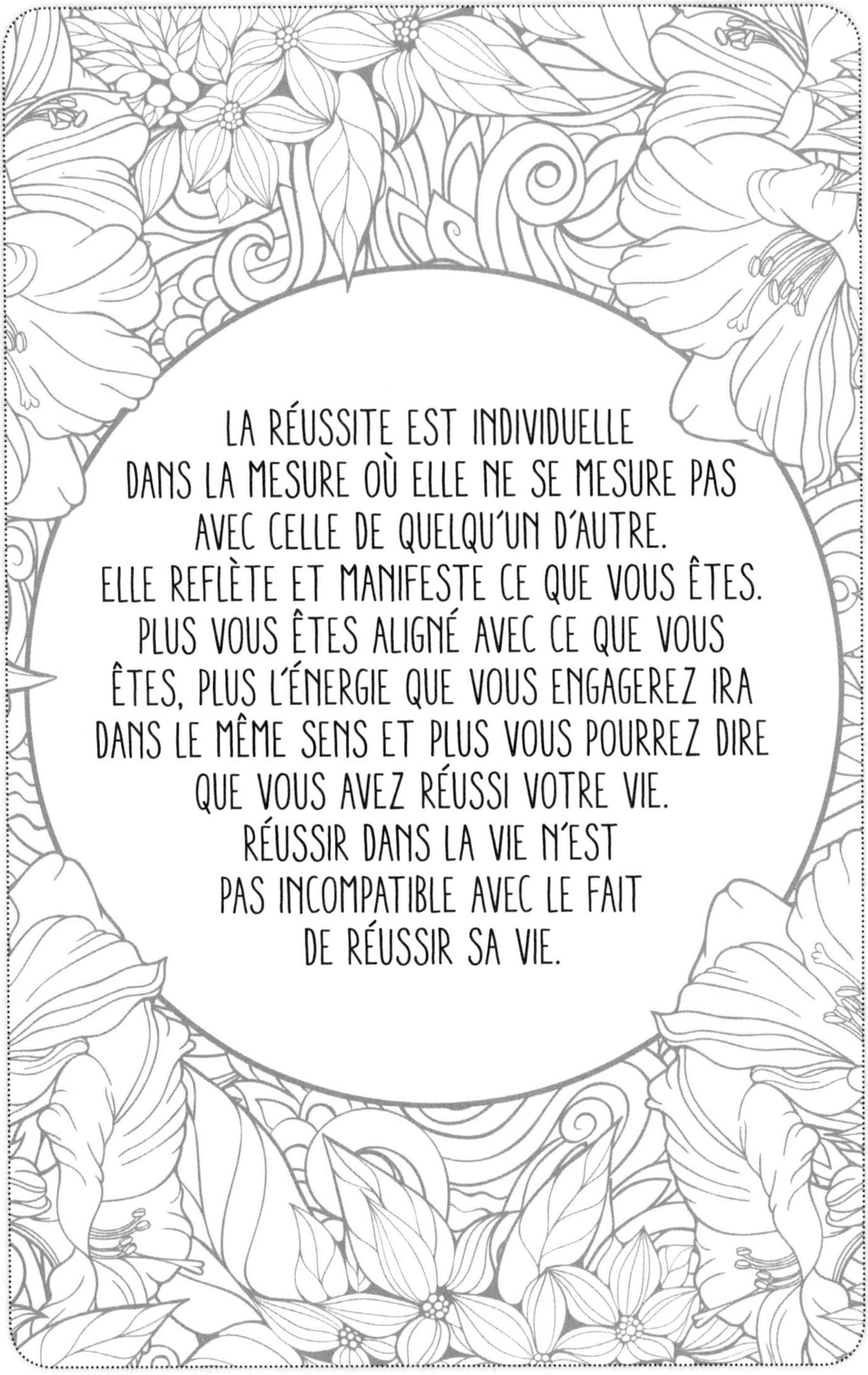

LA RÉUSSITE EST INDIVIDUELLE
DANS LA MESURE OÙ ELLE NE SE MESURE PAS
AVEC CELLE DE QUELQU'UN D'AUTRE.
ELLE REFLÈTE ET MANIFESTE CE QUE VOUS ÊTES.
PLUS VOUS ÊTES ALIGNÉ AVEC CE QUE VOUS
ÊTES, PLUS L'ÉNERGIE QUE VOUS ENGAGEREZ IRA
DANS LE MÊME SENS ET PLUS VOUS POURREZ DIRE
QUE VOUS AVEZ RÉUSSI VOTRE VIE.
RÉUSSIR DANS LA VIE N'EST
PAS INCOMPATIBLE AVEC LE FAIT
DE RÉUSSIR SA VIE.

Le niveau psychique

Nous sommes ici au niveau de ce que l'on appelle l'inconscient. Nous l'abordons le plus souvent avec le mental en cherchant des causes à notre mal-être. Nous restons à l'extérieur alors que le mal-être est provoqué par nos pensées et nos émotions qui sont en relation avec les niveaux de conscience sur lesquels nous fonctionnons. C'est donc avec les pensées et les émotions que nous allons aborder le niveau psychique.

Le domaine de la pensée – ce sont nos rêves, nos désirs, nos croyances, nos intuitions. Elles se manifestent sous forme d'idées, d'images, de pensées.

Les pensées sont neutres à leur base. Cependant ce qui fait que nous les qualifions de positives ou de négatives, c'est parce qu'il y a le filtre de nos émotions et que nous les confondons avec le fait d'être agréable ou pas.

Le domaine des émotions – Pensées et émotions sont indissociables. Si vous pratiquez la méditation, vous comprenez tout à fait de quoi je parle.

Une pensée génère une émotion qui elle-même nourrit des pensées. Nous sommes dans ce que l'on appelle une dynamique mentale.

VOUS NE POURREZ VRAIMENT CHANGER VOTRE VIE DANS LE SENS DE CE QUE VOUS VOULEZ QUE SI VOUS ASSOCIEZ CES DEUX ÉLÉMENTS.

Le domaine des sentiments – Les sentiments sont souvent associés aux émotions. Si la colère est une émotion, la haine et la rage sont plutôt de l'ordre des sentiments. Un sentiment relève plus d'un état. Quoi qu'il en soit, les sentiments entrent dans le cycle des pensées et des émotions.

Ne pensez-pas que si vous avez une pensée négative, le fait de vous dire qu'il faut penser positivement va modifier quoi que ce soit. Vous parviendrez peut-être à avoir une pensée différente, mais si au fond de vous votre ressenti ne colle pas à la pensée, ça sera votre ressenti qui prédominera. C'est le frein dont je vous parlais. Le domaine de la pensée et le domaine des émotions doivent vibrer sur le même type de fréquence pour qu'il y ait un mouvement extérieur et ce, dans un sens comme dans un autre.

Par exemple, si vous décidez de penser que vous voulez vous tourner vers l'abondance dans votre vie, quel que soit le domaine que vous choisissiez, il ne vous suffira pas d'avoir l'image correspondante, voire de répéter une petite formule. Si intérieurement, vous sentez que votre ventre se serre, qu'une petite pensée enfouie tout au fond de votre tête surgit encore et vous souffle « ça ne marchera jamais… », ou bien encore que vous vous disiez « je suis trop âgé(e) pour que ma vie change »… ou que vous ne sentiez pas de connexion intérieure, il n'y a pas de cohérence entre votre émotionnel et vos pensées.

Il est impératif que ces deux points soient en cohésion. Si c'est le cas, vous ressentez un état d'unité, une force, une énergie intérieure parce que toute votre énergie interne est tournée dans le même sens.

Que faire si vous sentez qu'il n'y a pas de cohésion entre ces deux espaces ? Première chose, le reconnaître, ne pas vous juger ni vous culpabiliser ou vous décourager. Vous êtes sur la voie d'un travail intérieur qui vous permettra de changer de plans de conscience.

Reconnaissez le frein, ressentez-le. N'hésitez pas à écrire ce qui se passe en vous, peut-être un souvenir émergera-t-il. Vous avez le droit d'avoir des freins. Ne forcez pas les barrages, ils ont leur raison d'être. Parfois on peut en venir à bout très vite, d'autres fois moins.

Dites-vous que, pendant des années, vous avez fonctionné dans une certaine forme d'inconscience. Maintenant vous êtes dans un état de conscience, il y a l'arrêt d'une lutte.

Lorsqu'on arrête de lutter, que l'on accepte une difficulté quelle qu'elle soit, ça n'est pas baisser les bras, c'est incarner l'instant, ouvrir les yeux et voir. Alors quelque chose se passe à un niveau beaucoup plus subtil qui va permettre une transformation à la mesure de ce qui vous est possible.

Personnellement, c'est dans la respiration et la méditation que je vais dans ces états d'ouverture et j'ai appris à utiliser ma pensée dans la bonne direction. Pendant longtemps j'ai utilisé des techniques émotionnelles, mais aujourd'hui je privilégie cet espace de conscience, de présence, d'acceptation. Lorsque vous faites cela, vous vous accueillez dans tout votre être, dans toutes vos dimensions. Vous vous découvrez et vous vous donnez la possibilité de découvrir le Grand Être que vous êtes.

Une autre chose que vous pouvez faire pour aller dans le sens que vous voulez même si vous sentez des résistances, c'est penser à cela en y associant une image. Du moment que vous êtes conscient qu'il y a un frein, une part de vous commence à abandonner la lutte. C'est comme si vous laissiez de côté le frein pendant quelque temps pour vous concentrer sur ce que vous voulez. Vous y associez alors une image qui, elle, va résonner à l'intérieur de vous d'une manière constructive.

Par exemple, vous désirez acquérir une maison, mais vous n'avez pas les moyens et la situation actuelle vous semble plutôt noire à ce sujet.

Soit vous pouvez renoncer, soit vous pouvez ressentir comment vous seriez dans une maison qui vous convienne. N'oubliez pas qu'aujourd'hui l'état d'impossibilité est un résultat de quelque chose qui est déjà passé. Si vous êtes dans la dynamique de bien-être que suscite l'idée de cette maison et de ce style de vie, quelque chose que vous ne connaissez pas est déjà à l'œuvre.

Ce type d'exercice demande une certaine présence à soi-même. Il vous faut vraiment être attentif à tout ce que vous pensez et ressentez concernant ce sur quoi vous vous focalisez. Il est nécessaire également de « lâcher » le résultat. Si vous doutez, vous êtes déjà dans une lutte. Ce type de travail doit s'effectuer en terrain vierge. Vierge d'émotions et d'attente de résultat.

C'est une notion subtile lorsqu'on dit que c'est déjà à l'œuvre. Cela ne veut pas dire que c'est magique et que vous avez une pensée toute puissante au sens où on l'entend souvent. Ce dont il est réellement question, c'est de l'instant présent. Quand vous êtes dans l'instant présent, vous êtes relié à votre Source qui elle-même est reliée à la Source. J'oserai dire que c'est comme si vous étiez connecté avec un point, centre de l'Univers, centre du Temps où tout existe, où tout est contenu.

Cet espace est le champ des possibles.

Ce point concernant la toute-puissance me semble important à développer. Les propos que je pose dans ce livre ne veulent pas dire « obtenez tout ce que vous voulez et si ça n'est pas le cas, c'est que vous y mettez de la mauvaise volonté ou que vous n'avez pas appliqué les bons principes. » Il s'agit de comprendre vos modes de fonctionnement de manière à pouvoir modifier votre manière d'être et de penser. L'axe central est le ressenti et les émotions.

- Travailler à ce niveau peut vous aider de manière incontestable à changer des choses dans votre vie et à être au plus près de ce à quoi vous aspirez.

Votre filtre reste toujours votre état émotionnel, raison pour laquelle il est impératif que vous en ayez conscience et que vous l'acceptiez. Nous voulons tellement nous débarrasser de ces émotions que l'on crée une lutte.

N'OUBLIEZ JAMAIS QUE VOS ÉMOTIONS
S'ENRACINENT DANS UNE EXPÉRIENCE DU PASSÉ.
IL SUFFIT D'UNE FOIS, UNE SEULE, OÙ VOUS
EXPÉRIMENTEREZ LE MÊME TYPE D'ÉVÉNEMENT
ET QUE VOTRE ÉMOTION SOIT DIFFÉRENTE POUR
QUE VOUS ANNULIEZ CETTE MÉMOIRE ET QUE VOUS
VOUS LIBÉRIEZ DU PASSÉ AUQUEL ELLE EST RELIÉE.
IL VOUS EST POSSIBLE ÉGALEMENT, À PARTIR
DE VOTRE PRÉSENT, DE VOIR VOTRE PASSÉ
AUTREMENT ET D'ANNULER L'IMPACT
ÉMOTIONNEL. ALORS VOTRE
FUTUR CHANGERA.

Une émotion est une dynamique, elle génère une énergie. Plus votre charge d'énergie constructive, positive, sera forte, moins la charge d'énergie négative aura d'impact, car vous allez créer de nouvelles connexions neuronales. L'erreur serait de croire que vous n'aurez jamais d'émotions « négatives », voire qu'il vous faut les supprimer.

Chaque fois que vous niez une émotion négative, vous la renforcez. Ainsi chaque fois que vous dites à quelqu'un « il faut voir les choses positivement », « pense de manière positive », vous niez ce qui est. C'est totalement différent de voir quel peut être un autre angle de vue à adopter.

Sûrement une question amenant une ouverture pourrait être de l'ordre de : Comment est-ce que je pourrais voir cette situation différemment ?

LA QUESTION QUE NOUS POSONS CRÉE UNE SUITE PARCE QU'ELLE OUVRE UN NOUVEAU CHAMP.

Lorsque vous prenez conscience que vous avez tendance à cultiver un mode négatif de pensée, à être dans un état de fermeture, il ne s'agit pas de vous culpabiliser, de penser que c'est mal… Vous êtes comme vous êtes et vous êtes parfait ainsi. La première chose, vous l'avez déjà faite, c'est la prise de conscience. La seconde est de l'accepter et de décider que vous voulez vous orienter dans un autre couloir de pensée plus constructive.

Vous aurez toujours des pensées négatives, seulement vous vous en apercevrez plus souvent et plus facilement, vous aurez moins tendance à les alimenter et vous saurez vous connecter sur un champ constructif en vous ouvrant à cette possibilité que ça puisse être autrement. Si vous ouvrez cette fenêtre d'une perspective différente, et ce, même si vous ne savez pas quoi ou comment, vous vous connectez sur le champ des infinies possibilités.

Si vous avez des difficultés pour cela, la méditation est un excellent moyen pour vous aider.

Lorsque vous serez connecté sur un champ plus constructif, vous verrez le monde autour de vous différemment. D'abord vous saurez porter votre attention sur ce qui est beau, généreux, sur ce qui est porteur de joie, de bien-être… Plus vous saurez reconnaître cela, plus votre vie ira dans le même sens. Et si par hasard, vous rencontrez une difficulté, vous aurez les ressources intérieures pour vous ouvrir aux solutions.

Par exemple, si vous traversez un moment où vous vous laissez happer par une difficulté et que vous sentez que votre énergie en pâtit, prenez conscience de ce qui se passe. Réalisez que cela n'est pas toute votre vie, tout votre champ d'action ne se réduit pas à cette difficulté. C'est l'émotion dérangeante qui crée l'arbre qui cache la forêt. Essayez de trouver un espace où vous vous sentez bien, où vous pouvez puiser à une énergie constructive. Il ne s'agit pas de fuir dedans, mais de savoir revenir à cette source régulièrement pour ressentir le bien-être et retrouver, ne serait-ce que quelques instants, cette sensation. Cela peut être l'enthousiasme que vous avez pour une activité. Il est important que ce soit quelque chose dont vous êtes le moteur parce qu'à ce moment-là vous êtes en contact avec votre énergie constructive. C'est comme si vous rechargiez les batteries et il peut même arriver que vous sentiez à la fois le mal-être, mais en même temps cet espace de ressourcement. Vous êtes en train d'agrandir votre espace intérieur.

- *Vous trouverez dans la partie pratique un exercice spécifique pour vous accompagner dans ce chapitre.*

Reconnaître les principaux états d'être qui vous mobilisent vous permet d'acquérir plus de lucidité et d'accéder à plus de conscience. Ce sont des portes pour aller plus loin.

Vous allez vous demander ce que vous allez faire une fois que vous avez identifié cela. Première chose, vous serez à découvert et non plus en terrain miné. Ensuite, c'est à partir de là que vous pourrez choisir l'approche qui vous convient pour changer.

Le fait de les voir, de les accepter, c'est un peu comme si vous saviez mieux à qui vous avez affaire. Une personne qui n'a aucune conscience de cela ou qui le considère comme quelque chose contre lequel on ne peut rien faire n'a aucune raison d'entreprendre quoi que ce soit.

Comme nous l'avons vu, le cerveau limbique et le cerveau reptilien orchestrent nos émotions tant en positif qu'en négatif. Lorsque vous êtes sur des freins, vous fonctionnez sur les connexions neuronales « négatives ». Plus vous allez vous appuyer sur vos ressources positives en vous focalisant sur vos désirs, plus vous allez créer de nouvelles connexions neuronales « positives ». C'est ce qui va d'ailleurs se passer lorsque vous allez lever vos résistances.

Lorsque vous avez travaillé sur des freins, mais que vous retrouvez le problème, c'est que la racine n'est pas atteinte. Pour atteindre la racine, ce n'est pas de chercher mentalement une cause, mais de pouvoir vous connecter sur la vibration, c'est-à-dire un niveau beaucoup plus haut énergétiquement parlant. On travaille alors sur les niveaux quantiques des mémoires. Les exercices en fin d'ouvrage vous aideront à créer des connexions positives.

Le niveau spirituel

Le plan spirituel n'est pas dissocié du plan matériel. Le plan spirituel n'est pas qu'un espace éthéré, il est à comprendre dans le sens de l'esprit et en ces termes, il recouvre plusieurs niveaux.

Ces différents niveaux du domaine de l'esprit concernent le plan émotionnel (les émotions), le plan mental (les pensées) et le plan spirituel dans le sens d'une dimension subtile, elle-même « graduée » en plusieurs plans allant jusqu'à la Source que j'appellerai le Divin.

Les niveaux émotionnel et mental sont les plus physiques de l'aspect spirituel. En référence au côté physique, au corps, on parle du psychisme pour ces deux niveaux. De mon point de vue, ils font à la fois partie du côté matériel car nous ne pouvons pas nier l'impact de nos émotions et de nos pensées, mais ils sont également une sorte d'interface entre des niveaux plus subtils et notre corps physique. C'est comme s'ils étaient un filtre.

Dans toutes les traditions, on parle de différents plans ou de différents corps. Pour ma part, je me réfère à la tradition du yoga à laquelle j'ai été initiée et avec laquelle je travaille depuis plus de trente ans. C'est elle qui nourrit mon travail et pas exclusivement dans un travail postural, mais plutôt en termes de réflexion, de philosophie, d'approche de la vie, de travail avec le mental.

Je vais en résumer ce qui est important pour ce livre et qui concerne cet aspect énergétique, subtil, des différents niveaux.

Le corps physique est la partie la plus dense de l'énergie, soit la manifestation des plans subtils. Outre le corps physique, nous avons d'autres corps que l'on appelle corps énergétiques, invisibles (sauf pour certaines personnes). Ces corps s'emboîtent un peu comme des poupées russes et rayonnent autant à l'extérieur de notre enveloppe physique qu'à l'intérieur. Ils s'interpénètrent. On appelle ces corps en sanskrit des « koshas » ou enveloppes et ils sont, dans le yoga, au nombre de cinq. Pour l'objet de ce livre, je vous parlerai en particulier du corps mental qui regroupe pensées et émotions et également de ce que je nommerai le corps causal. Nous sommes bien dans le domaine de l'énergie, du non-tangible, aussi n'essayez pas de vous en faire une représentation comme vous pourriez le faire de votre corps physique.

Rapporté au domaine qui nous intéresse qui est celui de la pensée, nous avons donc le côté émotionnel, les pensées (notamment les croyances) et ce que je traduirai par la racine de la pensée. Cette racine de nos pensées prend sa source non seulement à l'intérieur de nous, c'est-à-dire dans notre histoire personnelle, mais elle rencontre également d'autres champs subtils comme l'histoire familiale et un champ collectif. Notre conscience se trouve impliquée dans un flux de forces qu'elle ne contrôle pas et dont elle est le jouet. Lorsque nous sommes dans cette dynamique, nous vivons notre vie par défaut et c'est l'extérieur qui détermine notre vie. La conscience a besoin d'un schéma directeur qui va dépendre à la fois d'une représentation du monde et de la psyché.

Comme je vous l'ai dit, le niveau spirituel recouvre le domaine précédent puisqu'il concerne le monde de l'esprit, notamment avec le pouvoir de la pensée, mais dans cet espace-là, je vais vous parler de l'aspect spirituel en termes de votre relation avec l'Univers.

L'UNIVERS EST UN VASTE CHAMP D'ÉNERGIE, PERPÉTUELLEMENT EN MOUVEMENT. VOUS ÊTES UNE INFIME PARTIE DE CET UNIVERS, MAIS NON MOINS IMPORTANTE.

J'aime cette idée tirée d'un ouvrage de Raimon Panikkar[1], qui dit que si nous n'accomplissons pas notre part, il subsis-

1. Penseur catalan du XXe siècle.

tera un trou dans le Cosmos que personne d'autre ne pourra combler.

Parfois des personnes me disent qu'elles n'ont pas demandé à venir sur terre. Certes, c'est un point de vue et qui est bien pratique pour trimballer son insatisfaction et ses rancœurs. D'autres adoptent un point de vue empreint de culpabilité par rapport à un Dieu créateur à qui l'on doit tout comme à un parent extérieur tout puissant. Personnellement, c'est un point de vue plus teinté d'orientalisme qui porte mon expérience et ma réflexion.

Ce qui est étonnant, c'est que ce point de vue est venu alors que j'avais à peine 7 ans. J'entretenais régulièrement ma jeune sœur de mes considérations métaphysiques sur l'origine de l'Univers et surtout sur celle de ma vie avec cette phrase dont je me souviens comme si c'était hier : « Tu te rends compte, si ça se trouve, on a déjà vécu d'autres vies et on a choisi de renaître, alors c'est pour ça qu'on est là. » Je précise juste que nous étions dans une famille athée.

Je laisse à chacun le soin de résonner ou non avec la notion de réincarnation. J'attire cependant votre attention sur le fait qu'il n'est pas question non plus d'aller chercher ce qui, dans une pseudo autre vie, aurait pu générer nos blocages actuels. Nous serions encore sur du causal.

Ce que je souhaite retenir ici, c'est que nous baignons dans un Univers fait d'Énergie qui prendra une certaine forme dans le monde matériel. C'est cette notion de conscience-énergie que je retiens dans le rapport avec l'Univers.

La forme que prend cette énergie universelle dans le monde matériel, à notre niveau, passe par notre filtre. Ce filtre, c'est ce que nous sommes avec notre histoire, notre personnalité, nos émotions, nos pensées, nos actions. Un ensemble dans lequel l'Univers résonne. Quand vous écoutez un concert, si l'instrument est de qualité, le son sera beau et harmonieux. Si l'instrument n'est pas accordé… Ce filtre que sont nos pensées et nos émotions n'est pas immuable. Nous pouvons le changer afin que, physiquement, notre résultat soit différent.

Bien avant d'embarquer dans votre véhicule, le corps, vous apparteniez à cet espace universel, disons en tant qu'énergie, que conscience. Lors de l'incarnation, cette part subsiste toujours, appelons-la « âme », mais du fait de la matière, ce n'est plus cette vibration qui prédomine, mais celle de votre personnalité composée de la dynamique familiale et personnelle, le tout teinté de l'époque et de l'environnement. Cependant, la vibration subtile de l'âme est toujours là et active. Elle ne dort jamais, elle veille à votre lien avec l'Univers, avec la Vie.

Elle répond à l'harmonie de l'Univers et nous pousse vers l'harmonie dans notre vie. Si vous vous alignez avec qui vous êtes, vous vous rapprochez de cette Dimension Spirituelle en vous.

Nous sommes souvent coupés de cette dimension intérieure et un des fléaux de notre société est le manque de confiance.

Le manque de confiance repose sur la considération de notre petitesse. Si nous tournons notre regard vers notre grandeur, vers cette dimension la plus haute en nous, nous sentirons un lien. La confiance ne reposera plus seulement en nous, mais en quelque chose de plus grand qui est l'énergie de l'Univers.

Selon les moments de vie, selon notre histoire, voire notre éducation dans certains cas, nous sommes plus ou moins dans ce lien. Les grands textes sacrés de la tradition indienne tels que les Upanishad nous disent que c'est cette dimension que nous sommes appelés à rejoindre. Cette dimension Supérieure, ce n'est pas seulement une fois que nous aurons quitté notre corps que nous sommes appelés à la rejoindre, mais avant. Maintenant ! Et cela sous la forme de l'adéquation entre vous et Vous.

Plus vous serez à l'écoute de votre profondeur, non seulement votre vie sera plus harmonieuse et plus fluide, mais plus vous irez vers cette dimension en vous et plus elle imprégnera votre vie. C'est une sorte de danse, d'accord et d'harmonie.

Peut-être n'êtes-vous pas adepte de méditation, peu importe. Ce rapport avec l'Univers, c'est la nature qui vous environne, un coucher de soleil, une fleur, un sourire… L'Univers nous transmet sa beauté et son amour dans la simplicité du quotidien. Sachons simplement nous arrêter pour le savourer et nous tourner vers notre intérieur. Nous y découvrirons peut-être des trésors.

Les temps de rencontre sont multiples, les lieux aussi, mais dans le corps, c'est le lieu du cœur. Ce que l'on appelle le cœur spirituel. Et ce lieu est animé de l'Amour qui commence par soi.

Ce dernier propos peut en choquer certains. N'a-t-on pas l'habitude de dire qu'il faut aimer les autres. Nous oublions que dans le Décalogue (les Dix Commandements), il est dit « Tu aimeras ton prochain comme toi-même ». N'espérez pas aimer l'autre si vous ne vous aimez pas.

S'aimer, c'est s'aimer inconditionnellement. Quoi que vous ayez fait ou pas fait, quelle que soit votre personnalité, ce que vous avez vécu, vous aimer c'est accepter cela, le reconnaître.

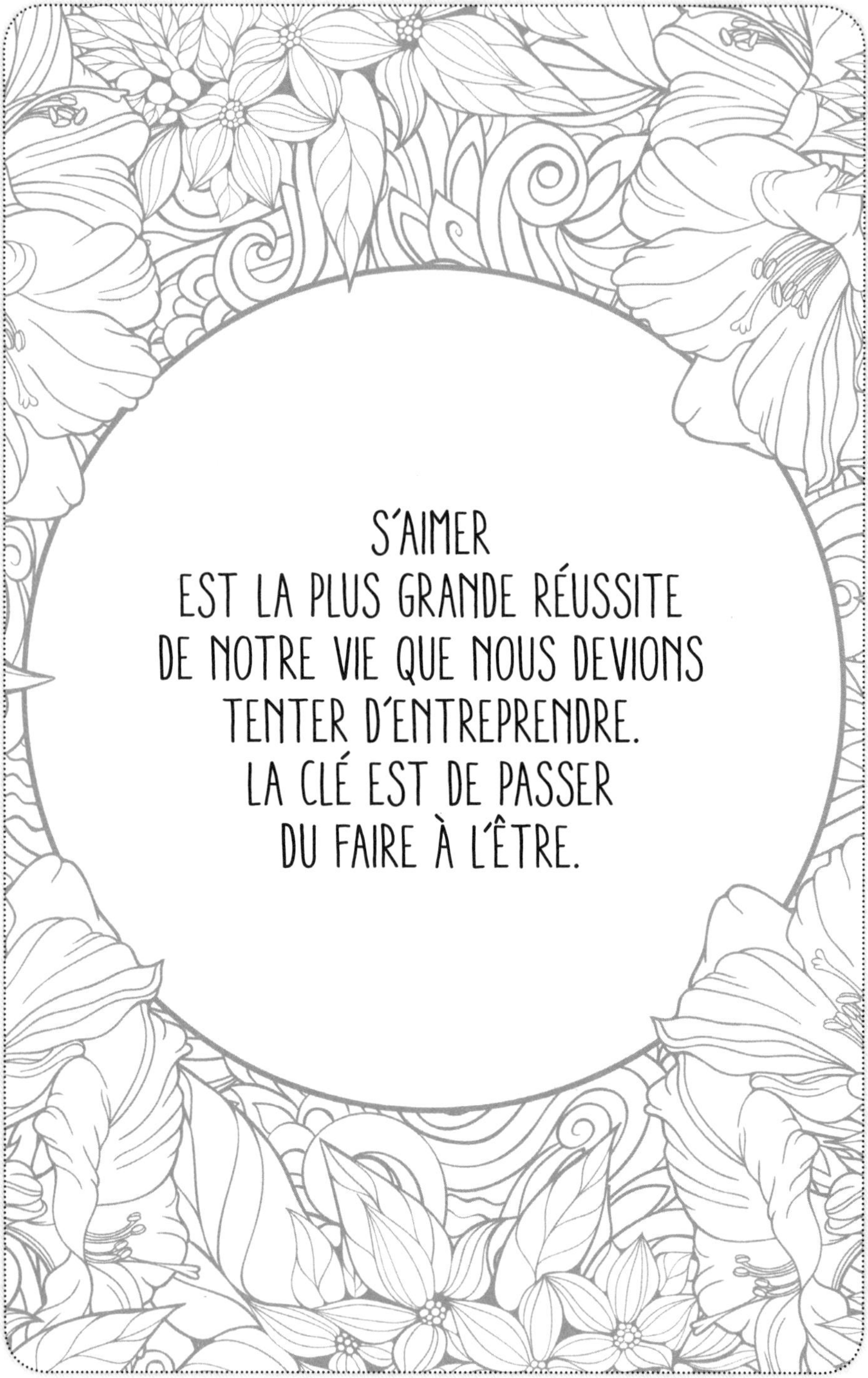

S'AIMER
EST LA PLUS GRANDE RÉUSSITE
DE NOTRE VIE QUE NOUS DEVIONS
TENTER D'ENTREPRENDRE.
LA CLÉ EST DE PASSER
DU FAIRE À L'ÊTRE.

L'INTUITION

« Il ne suffit pas d'être sur le bon chemin encore faut-il ne pas y rester assis. »

Saint Augustin

Souvent mise au fond d'une marmite obscure, dans l'antre de Madame Irma, l'intuition pourrait sembler un ingrédient inapproprié en ce qui concerne la réussite. Détrompez-vous. Elle est reliée à votre notion d'alignement et à votre être profond. Vous n'avez pas besoin de vous transformer en fakir pour aborder votre intuition et, surtout, l'utiliser. C'est beaucoup plus simple que cela, il vous suffit de vous écouter.

L'intuition n'est pas non plus réservée à certains. Tout le monde en a, mais tout le monde ne l'écoute pas. Nous avons cinq sens, l'intuition est, comme on l'appelle souvent, notre sixième sens. Nous nous servons de nos cinq sens dans le monde tangible, parce que ce que nous voyons, les autres aussi le voient… En ce qui concerne l'intuition, il s'agit d'une partie plus « personnelle » dans sa forme de manifestation ce qui ne la rend pas accessible aux autres et requiert de notre part une présence à ce qui se passe en nous.

Peut-être faites-vous partie de ces personnes qui disent « je ne sais pas écouter mon intuition ». Votre intuition n'est pas un extra-terrestre qui va sonner à votre porte et vous remettre un pli avec ce que vous devez faire. Elle est de l'ordre du subtil, mais prend toujours place dans un mouvement résultant d'un échange entre vous et Vous et générant une dynamique extérieure.

Comment se manifeste-t-elle concrètement dans notre vie ?

Outre les perceptions dites « extra-sensorielles » que certaines personnes ont, votre intuition se manifeste par une pensée, une sensation, une impulsion intérieure… qui vous rapproche de vous à un niveau profond. Parfois, elle n'est pas dissociée d'une action car l'action est presque concomitante à cette intuition. Parfois, on peut identifier qu'il s'agit d'une intuition, d'autre fois non, c'est ce qui nous pousse à agir. L'important n'est pas de savoir qu'il s'agit de votre intuition, mais d'être dans l'énergie qui vous permet d'aller dans le sens que vous voulez. Votre intuition vous conduit toujours vers la solution. L'ennui, c'est que nous y mettons souvent le mental. Plus vous avez de fluidité dans votre vie, plus vous pouvez être sûr que votre intuition est à l'œuvre. L'intuition, c'est aussi ce qui va nous donner l'inspiration.

Comment la reconnaître ?

Comme je viens de vous le dire plus tôt, il n'est peut-être pas tant important de savoir que c'est votre intuition, surtout si vous ne la suivez pas, que de suivre votre courant d'énergie, sans forcément l'identifier comme étant votre intuition.

Selon les personnes, l'intuition peut sembler plus ou moins évidente. En fait ça n'est pas l'intuition intrinsèquement que le résultat concret que l'on perçoit dans notre vie qui nous fait croire que notre intuition est faible.

Je vais prendre un exemple personnel. Au moment où nous allions changer de région, je consacrai quelques journées pour rechercher une maison et proposer des cours de yoga. Je me trouvais dans une petite ville, j'avais un peu de temps devant moi et décidai d'aller à la mairie voir quelles étaient les possibilités de donner des cours de yoga. Il y eut un quiproquo entre ce que je demandais et ce dont la personne qui me recevait me parlait, si bien qu'elle m'envoya dans un bureau et qu'une demi-heure plus tard, j'avais un contrat pour donner des cours de yoga dans des écoles aux enfants à la rentrée suivante. Toutefois, avant de partir, je réitérai ma demande pour des cours adultes et j'appris qu'ils ne dépendaient pas de la mairie. Le quiproquo m'avait dirigée vers le bon bureau !

Parfois l'intuition peut être cette idée de génie que l'on va avoir et qui va nous faire monter notre entreprise en proposant quelque chose d'original. Ou encore l'idée géniale qui vous fait frapper à la porte de quelqu'un et décrocher un gros contrat. Les plus grands inventeurs, les plus grands créateurs écoutent leur intuition. Bien évidemment, il ne suffit pas de l'écouter, encore faut-il mettre la phase intermédiaire en place pour voir un résultat concret, c'est-à-dire poser une action.

Le résultat ne détermine pas la valeur de votre intuition. En revanche, votre intuition est cette impulsion intérieure qui vous amène à faire quelque chose sans forcément l'avoir « prémédité ».

Comment la cultiver ?

Cette question revient à demander, comment me relier à mon âme ? Plus vous aurez de temps de détente, de méditation, de connexion avec votre créativité, plus vous développerez la notion de plaisir, plus vous écouterez vos sensations, plus vous la verrez grandir.

Suivre votre intuition c'est écouter ce petit « truc » intérieur, pas toujours rationnel, qui peut vous paraître une idée baroque, mais qui, au final, entraîne une réaction en chaîne. Tout s'enchaîne, les portes s'ouvrent, vous vous sentez dans le flux de la vie.

De plus, quand cet état de bien-être est présent, vous réduisez les tensions corporelles qui ont un impact au niveau de tous les systèmes de votre corps. C'est donc un plus pour votre santé et un plus pour votre esprit. Réduire les tensions corporelles réduit les tensions mentales et, de ce fait, vous augmentez votre créativité et vous êtes beaucoup plus apte à entendre votre intuition.

Ouvrez vos fenêtres intérieures

« Chaque fois qu'on me donne l'espace de créer, d'imaginer, on me donne l'espace d'exister. »

Carl Gustav Jung

Avez-vous remarqué la propension de l'être humain à la critique ? Il y a souvent un air de suspicion qui flotte quand les choses vont bien et les nouvelles diffusées dans les médias ne se privent pas de souligner tout ce qui va mal. C'est ainsi que grandit la morosité ambiante parce que nous y adhérons. En fait nous adhérons à un point de vue car, heureusement, tout ne va pas mal. Il y a des choses positives, des choses belles, mais c'est comme si elles étaient tellement normales que nous n'y prêtons pas attention. Nous focalisons notre attention sur ce qui est négatif, sans nous douter que nous l'intensifions au point, parfois, de rechercher ce qui peut aller mal. C'est comme si nous tournions parfois résolument le dos à d'autres possibilités, qui pourtant sont là.

RETROUVEZ LE FLUX D'ÉNERGIE QUI COULE EN VOUS

Vous avez sûrement entendu cette petite phrase, relativement fréquente au cours de l'année: «il fait beau aujourd'hui»... et sa réponse, comme un leitmotiv « oui, mais ça ne va pas durer». Là, il y a deux manières de considérer ce petit chœur. La première s'inscrit dans le pessimisme, la seconde est beaucoup plus philosophique. En fait, sans le savoir, chaque fois que vous répondez ainsi, vous vous inscrivez dans la philosophie bouddhiste. L'enseignement du Bouddha est qu'il n'y a rien de constant si ce n'est le changement. Le seul petit souci, c'est que nous ne voyons les choses que dans ce sens-là. Qui a le réflexe de répondre à la petite phrase «quel sale temps aujourd'hui», par «mais ça ne va pas durer» ? Et pourtant un dicton populaire dit bien qu'après la pluie vient le beau temps. Notre mémoire semble courte. Si j'ai choisi cette métaphore, c'est que nous agissons exactement de la même manière pour le reste. Il n'y a pas de différence pour notre météo intérieure.

Combien de personnes qui voient des changements dans leur vie n'y accordent pas grande valeur et s'attendent à ce qu'à nouveau ça aille mal. C'est le doute et le manque de foi qui nous animent.

Lorsqu'on pratique la méditation, nous observons tous les phénomènes intérieurs tant au niveau des sensations physiques, que des pensées et des émotions. Tous, qu'ils soient agréables ou désagréables, sans être dans le jugement. Et puis à moment donné, nous contactons un état intérieur qui est celui de la joie, du calme. Tous les phénomènes qui nous traversent sont comme des nuages qui traversent le ciel.

C'est exactement ce qui se passe dans notre vie, mais nous nous accrochons aux nuages.

Ce qui nous mène, ce sont nos peurs et beaucoup d'autres sentiments restrictifs. Nous leur accordons une importance démesurée comme si eux seuls remplissaient notre vie. C'est vrai que vivre une phase difficile, parfois très difficile, n'est pas évident. Mais c'est comme une tempête, elle ne dure pas toute la vie.

En s'accrochant à ce qui est, nous nous éloignons du mouvement de la vie et de qui nous sommes. Nous entreprenons « une démarche », un « travail sur soi »... parce que nous nous sentons mal. Nous sentons cette disharmonie, ce non-alignement... Ce que nous cherchons, c'est à aller mieux, à retrouver un équilibre intérieur, et c'est absolument normal. Mais, malheureusement trop de personnes s'arrêtent là et ne se rendent pas compte qu'en fait elles s'arrêtent sur un palier. De mon point de vue, toute démarche intérieure doit reposer sur un cheminement de Conscience qui est un flux d'énergie. La Conscience ne peut être enfermée, ni dans un sens, ni dans l'autre. Au contraire, elle mène à une ouverture à soi, au Soi et aux autres. Elle est au-delà de l'enfermement du jugement. C'est vers cela que nous devons tendre et c'est absolument possible. Sans cela, nous ne pouvons pas nous reconnecter à notre Âme.

Personnellement, c'est dans la méditation que j'ai accédé à cette sensation de Joie. J'ai senti cet état intérieur, je l'ai reconnu, j'ai compris (pas de manière intellectuelle) que cet état était toujours là, au-delà de tout. J'étais présente à ce qui se passait dans mon corps et j'ai senti un sourire se dessiner sur mes lèvres. Cet état, je l'ai retrouvé souvent. Bien évidemment lors de méditations, mais en dehors également car je me suis aperçue qu'il était indépendant d'un objet. Or nous attribuons notre joie à nos possessions, à nos relations, à ce qui ce passe dans notre vie. Les possessions, les événements et les relations passent, changent et évoluent, pas notre Joie intérieure. Notre Joie est notre Réalité.

Lorsque vous ouvrez vos fenêtres intérieures, voilà ce que vous risquez de voir : la Joie. Vous risquez également de sentir votre force, pas une force brute, mais celle qui relève de votre puissance, de votre pouvoir intérieur.

À certains moments, je ne l'ai pas vue, cette Joie, mais je savais qu'elle était là. Je la perdais de vue parce que j'étais derrière les nuages et même parfois accrochée aux nuages. C'est ce qui se passe souvent dans notre quotidien, nous nous accrochons aux nuages. Nous restons dans notre état de victime, d'impuissance.

Lorsque vous avez goûté à cette Joie, à cet état intérieur, votre regard sur le monde peut devenir différent. Vous voyez la dualité, c'est-à-dire le noir et le blanc et toutes les teintes de gris. Vous êtes dans le mouvement de la vie. Lorsque vous ne voulez voir qu'une polarité, vous vous enfermez et vous figez le mouvement.

LA VIE EST UN
MOUVEMENT, NOTRE
ŒUVRE CONSISTE
À DANSER DANS
CE MOUVEMENT.

Plus notre danse est fluide, plus nous nous adaptons à ce qui est, mais aussi plus nous créons de beauté. Chaque fois que nous repoussons quelque chose, nous lui donnons de l'importance sans nous en rendre compte. Le psychothérapeute allemand, Bert Hellinger, dans son magnifique travail sur les constellations familiales, nous dit : « Ce que l'on rejette enchaîne et poursuit, ce que l'on aime rend libre. » Tout est énergie. Je n'ai rien inventé lorsque je dis cela. Les textes traditionnels du yoga en parlent depuis la nuit des temps, des « aventuriers » de la conscience comme Sri Aurobindo[1] ont fait partie des précurseurs en la matière et, aujourd'hui, les recherches en physique quantique le démontrent. La matière est de l'énergie densifiée. L'énergie, au niveau subtil, répond à une vibration, à ce que l'on va appeler « un champ vibratoire ». L'énergie correspondant à la peur ou à des émotions et sentiments que je nommerais restrictifs ne possède pas la même vibration que celle de la joie, de la compassion.

Cela vous pouvez le sentir tout simplement en étant attentif à votre état intérieur lorsque vous vivez ce type d'émotions. Dans un état de peur, de crainte, votre champ de fonctionnement est réduit. Vous avez tendance à vouloir contrôler ce qui se passe. Toute votre personnalité se rigidifie et cela non seulement physiquement, mais également mentalement dans la manière d'appréhender la vie. Physiologiquement, lorsque nous sommes face à un danger (ou ce qui est perçu comme tel), il y a trois modes de réponse qui sont la fuite, le fait d'être figé ou l'attaque. Ce mécanisme neurophysiologique fait partie des mécanismes de survie qui nous sont nécessaires, vitaux dans certains cas. Malheureusement

1. Un des leaders du mouvement pour l'indépendance de l'Inde, philosophe, poète et écrivain spiritualiste, mystique, qui a développé une approche nouvelle du yoga, le yoga intégral.

nous avons fait des situations de peur une façon de fonctionner générale, cela bien évidemment de manière inconsciente.

Les mécanismes de survie sont la plus vieille mémoire de l'humanité. Notre arrière, arrière, arrière… grand-père, le dénommé Cro-Magnon, vivait à ce niveau dans son quotidien. Ce niveau nous est nécessaire lorsque nous sommes en danger, mais, heureusement, le danger n'est pas notre lot quotidien. Pourtant, il n'est pas rare que nous soyons sur cet espace-là. Pourquoi ? Parce que nous n'avons pas suffisamment développé la confiance en nous, parce que nous portons aussi de vieilles mémoires au-delà de nous, parce que nous vivons loin de notre Réalité intérieure. Si nous fonctionnons à partir de cet espace, nous connaissons alors l'ouverture et, comme par magie, le flux et le mouvement de la vie circulent. Tout nous paraît alors plus aisé et nous retrouvons une part de confiance.

Je suis certaine que vous en avez déjà fait l'expérience. Vous avez sûrement déjà vécu des moments où tout était fluide, où vous vous sentiez en accord avec vous-même. C'est comme si tout devenait léger, votre véritable puissance émerge, alors que lorsque vous êtes dans une vibration de peur, d'inquiétude, votre mental cherche les solutions, comme si elles émanaient de vous. Votre champ de fonctionnement est restreint, vous ressentez une sorte de rigidité intérieure. Pas dans la vibration de confiance… car dans celle-ci, les choses viennent à vous. Vous vous ouvrez à d'autres possibilités. Chaque fois que vous pouvez vous placer sur cette dynamique, vous vous donnez la possibilité de fonctionner avec un autre point de vue et de changer tous vos points de vue. Alors des solutions auxquelles vous n'aviez pas pensé viennent. Elles viennent sous la forme de votre intuition, d'une idée, mais aussi d'événements extérieurs qui, comme par hasard, servent ce que vous souhaitez.

C'est une question d'énergie. En psychologie jungienne, on appelle cela la synchronicité. D'autres l'appellent la loi de l'attraction. Quoi qu'il en soit, la réponse extérieure est en adéquation avec votre état intérieur. Toujours.

Ouvrez votre regard sur le monde, portez-y tolérance, compassion, joie, le monde vous répondra de la même manière. Fermez votre regard et regardez le monde avec peur, colère, envie, jalousie, votre vie correspondra à cela.

Je vous accorde que parfois, c'est assez flagrant, d'autres fois c'est plus subtil. Mais si vous avez du mal à savoir quelles sont vos croyances, comment vous percevez le monde dans votre for intérieur, à des niveaux inconscients, voire très inconscients, regardez votre vie. Ce que vous vivez reflète votre pensée. J'entends ici pensée pas uniquement au niveau du mental, mais dans tout le champ vibratoire qui la supporte, c'est-à-dire au niveau de nos mémoires.

Les points de résonance entre soi et l'autre

C'est beaucoup plus facile de remarquer ce qui ne va pas chez les autres que de faire ce constat pour soi.

Faites le petit exercice suivant et notez ce qui se passe : pendant cinq minutes, notez ce qui vous déplaît, ce qui vous agace, ce que vous ne trouvez pas normal... chez votre conjoint, votre collègue...

Puis pendant trois minutes, regardez en vous exactement ce que vous avez noté d'agaçant chez les autres. Pendant ces trois minutes, observez toutes les pensées qui vont venir à ce sujet, toutes les pensées qui vous montrent que tout cela n'est pas présent chez vous... ou comment vous y résistez.

Faites cette petite expérience plusieurs fois avec des personnes différentes et dans des situations différentes.

Que va-t-il se passer ? Soit vous avez une tendance à vous sentir victime de ces personnes, à un degré plus ou moins important. Vous vous apercevrez de cela avec des phrases du genre : il est comme ça, même sa mère le dit, je n'ai pas le choix, je ne peux rien faire face à son caractère…

Soit vous pouvez éprouver une certaine satisfaction à constater que vous n'êtes pas comme ces personnes, un peu comme si vous étiez « au-dessus » de cela.

Soit, enfin, vous constatez que vous aussi avez un zeste de ces travers… le constat ne se fait peut-être pas de suite, il vous faudra chercher un peu loin, voire dans votre passé.

Dites-vous bien que si quelque chose vous énerve autant, c'est qu'il y a un écho en vous. Vous ne changerez pas l'autre. Fuir la situation ne servira à rien car vous la retrouverez d'une manière ou d'une autre.

Nous allons aussi faire l'exercice opposé : pensez à quelqu'un que vous admirez. Notez tout ce pour quoi vous l'admirez (qualités, humour, réalisation personnelle, courage...). Dans un second temps faites une rétrospective de votre vie et regardez si vous ne trouvez pas la même chose chez vous. Parfois, on ne le voit pas, mais dites-vous que si vous savez reconnaître cela chez l'autre, c'est que vous êtes en résonance. C'est présent en vous, peut-être sous une forme que vous n'avez pas encore vue, par exemple sous la forme de vos désirs.

Nous ne fonctionnons pas séparés des autres. Nous sommes un chaînon de la chaîne de l'humanité. Lorsque nous réagissons face à quelqu'un, c'est qu'il y a un point de résonance en nous, parfois subtil.

LE GERME DE CE QUI VOUS ANIME
HABITE EN VOUS. ARROSEZ-LE
EN Y ACCORDANT VOTRE ATTENTION.
VOUS LE VERREZ FLEURIR,
JE VOUS L'ASSURE. ET CETTE FLEUR
AURA LA COULEUR DE VOS RÊVES.

RÉALISEZ VOTRE VIE À PARTIR DE VOS RÊVES, PAS AVEC VOTRE EGO

« Ils ne savaient pas que c'était impossible, alors ils l'ont fait. »

Mark Twain

Nous sommes les champions du contrôle et de la mentalisation. Nous voulons tout comprendre, mais il y a des domaines où cela n'est pas possible. Les modèles de thérapie telle que l'offrent la psychanalyse et les thérapies qui en découlent s'appuient sur cette dynamique. Le schéma est un peu celui-ci : on éprouve un mal-être, on veut comprendre les causes, on remonte sur les différents traumatismes quelle que soit leur importance... Ensuite les thérapies incluant le champ transgénérationnel (connu en termes de psychogénéalogie) ont fait leur apparition. Le processus reste plus ou moins identique, on recherche les causes dans la famille, parfois on remonte loin... pas toujours avec succès car il y a des éléments que nécessairement nous ne connaissons pas – et que, peut-être, nous n'avons pas à connaître. Même si ce sont nos ancêtres, ils ont aussi droit à leur vie et leurs « secrets ». Certains vont même jusqu'à aller chercher dans des vies antérieures avec parfois des explications de mal-être répondant à de soi-disant histoires de vies antérieures. Nous avons déjà du mal à connaître la « vérité » dans notre vie actuelle..., nous incluons des bribes de concepts pris à diverses traditions qui, eux-mêmes, dans leur forme, se contredisent. Au final, nous restons toujours au niveau de la causalité et nous pouvons y passer notre vie car, parfois, nous allons peut-être rencontrer une cause mais, comme il y en aura d'autres, nous n'aurons jamais fini. Nous passons ainsi à côté de notre vie, à côté du bonheur car nous nous focalisons sur le passé. Je sais de quoi je parle parce que j'ai fait cela moi aussi.

Vivre dans le passé est le meilleur moyen de nous éloigner de nos rêves. Je ne dis pas que ces formes d'approche sont inutiles, elles permettent notamment de travailler au niveau de notre structure psychique ce qui est absolument nécessaire dans certains cas. Mais il y a un moment où nous devons nous placer au niveau vibratoire pour permettre à l'équilibre et à l'harmonie de venir dans nos vies et nous ouvrir à une dimension universelle.

À ce niveau, il y a un réajustement qui se fait entre vous et Vous et vous et l'Univers.

Connectez-vous à votre énergie intérieure, à vos rêves, pas à votre ego. L'ego c'est tout ce qui est régi par la volonté d'être comme il faut, de répondre à une certaine image… Tout ce qui vous maintient dans des certitudes enfermantes, dans des limites rigides… Réaliser sa vie à partir de l'ego c'est se définir à partir de l'extérieur.

La question du temps

« Patience et longueur de temps font plus que force ni que rage. »

La Fontaine – *Le Lion et Le Rat*

La question du temps est plus que jamais aujourd'hui un réel problème. Nous sommes à l'ère d'internet où énormément d'informations circulent et où nous pouvons accéder à tout, de partout et n'importe quand. Tout ceci bien sûr avec ses côtés positifs et négatifs. Malheureusement, nous avons aussi une certaine tendance à vouloir fonctionner comme internet et à vouloir que tout se règle immédiatement à notre niveau, mais en restant dans nos anciens schémas. Un grand nombre de personnes recherche la technique miracle et le thérapeute miraculeux qui va le sortir de ses problèmes. Malheureusement cela n'est pas possible et si, parfois, on a l'impression que c'est possible, c'est souvent momentané, en surface et la racine n'est pas enlevée. De mon point de vue, la personne qui vous accompagne est là pour vous aider à éclairer le chemin, chemin qu'elle a elle-même parcouru. Elle témoigne que cela est possible. Mais, quoi qu'il en soit, il reste votre part. Quand la difficulté est en surface, c'est rapide et facile, mais quand c'est en profondeur et cela l'est automatiquement à un moment ou à un autre, il faut parfois plus de temps.

Revenons à une logique basique : le monde ne s'est pas fait en un jour. Votre gestation non plus.

Même si, aujourd'hui, nous pénétrons de plus en plus à l'ère quantique et qu'il y a une approche différente, le quantique ne signifie pas le magique. Cela signifie que nous sommes plus sur un niveau global et subtil. Et, à mon sens, pour que ce travail sur ces plans soit vraiment efficace, il est impératif que nous ayons un travail intérieur de Conscience. Bien entendu conscience non pas au niveau mental exclusivement, mais Présence, Présence à soi, aux autres, au monde, à l'Univers.

Nous abordons les différents plans, même si notre sensibilité ne nous permet pas de les sentir, la conscience que nous avons en termes de globalité et d'interaction est fondamentale. À partir de là, nous pouvons entrer sur des zones d'ouverture qui nous permettent de changer notre vie.

Parfois les changements s'opèrent également sur des niveaux que nous ne percevons pas encore consciemment. Il faut un peu de temps pour que cela arrive « au grand jour ».

De plus, je le redis, certains changements ont lieu mais nous n'y prêtons pas attention parce qu'ils n'ont pas forcément la forme que nous pensions.

Je me suis souvent demandé pourquoi j'étais née à cette époque, qu'est-ce que j'aurais vécu si j'étais née au Moyen Âge ou dans un autre pays, si j'avais eu d'autres parents. La question du moment de l'incarnation m'a toujours interpellée.

Peut-être vous êtes-vous aussi posé ce genre de question. Ce que nous pouvons constater aujourd'hui, c'est que nous sommes à l'ère d'internet et que cela change nos vies. Les enfants qui naissent aujourd'hui nagent comme des poissons dans l'eau avec internet, les applications… c'est comme s'ils l'avaient toujours connu. Pour les autres, il y a une certaine adaptation. Avec internet et les systèmes informatiques, nous entrons dans une autre logique. Le mode d'approche est différent. Si nous comprenons cette logique, internet devient aisé. Avec internet nous avons changé nos schémas de fonctionnement. Pour moi, l'ère d'internet, outre l'évolution au niveau technologique sur le plan matériel, représente l'expression d'un changement de schéma qui s'opère en nous.

Peut-être peut-on avoir une petite idée grâce à toutes les connexions qu'internet permet au niveau mondial d'imaginer ce que sont les connexions neuronales et les connexions quantiques…

Ne marchez plus sur la pointe des pieds, laissez votre empreinte dans le monde

« Il existe deux façons de vivre votre vie. L'une comme si rien n'était un miracle. L'autre comme si tout était un miracle. »

Albert Einstein

Il serait dommage d'arriver à l'automne de votre vie et de vous apercevoir que vous avez traversé ce monde sur la pointe des pieds, sans bruit. Pire que le monde et vous ne vous soyez jamais rencontrés. C'est ce qui se passe lorsque vous claquez la porte au nez de votre vie, lorsque vous laissez de côté vos aspirations, vos rêves. Vous vivez une vie au rabais. Le monde n'attend que vous. Il n'attend que la manifestation de qui vous êtes. Il n'attend que vous veniez coller vos désirs à ce grand champ d'énergie pour en révéler l'empreinte.

Il n'est jamais trop tard pour investir totalement sa vie et ce, quel que soit votre âge. Si vous avez ce livre entre vos mains, c'est que c'est sûrement ce à quoi vous aspirez. Alors, maintenant, vous avez le choix : vous dire « oui, c'est vrai, elle a raison » et ranger ce livre qui viendra grossir les rayons de votre bibliothèque. Ou bien, choisir que votre vie ressemble à qui vous êtes réellement et décider d'être la personne la plus importante de votre vie.

Dans ce livre vous avez non seulement tous les principes pour comprendre le processus, les éléments pour vous aider à vous connaître et à comprendre vos fonctionnements afin de clarifier vos désirs et enclencher la dynamique. Enfin, en plus des exercices insérés au cours des chapitres précédents, une série d'exercices pratiques, de fond, vous aidera dans ce chemin vers la réussite de votre vie.

Le Monde, l'Univers vous tend les bras. Vous pouvez lui tourner le dos ou aller vers lui. N'hésitez pas, choisissez de réussir votre vie et d'être heureux !

Cahier pratique

LES EXERCICES QUI VOUS AIDERONT À DONNER UN NOUVEAU SOUFFLE À VOTRE VIE

Dans cette partie, vous trouverez une série d'exercices que vous pouvez choisir de faire dans l'ordre que vous désirez et au gré de la lecture de ce livre. Prenez votre temps, reprenez ces exercices. Ils vous accompagnent au fur et à mesure de votre processus de transformation personnelle.

Clarifiez vos émotions

Je vous propose un exercice pour vous aider à clarifier vos émotions toxiques. J'entends par toxiques le fait qu'elles constituent un frein pour aller dans le sens de ce que vous voulez.

★ À l'aide du tableau suivant, je vous invite à noter pour chacune d'elle sur une échelle de 0 à 10 l'intensité. Plus vous sentez que cette émotion, ce sentiment est élevé, plus vous vous rapprochez du 10.

Pour chacune d'elle, notez également le domaine dans lequel vous avez l'impression qu'elle s'exprime le plus.

Émotions	Échelle de 0 à 10	Domaines où je la ressens le plus
La culpabilité		Relationnel…
La honte		
La peur		
La tristesse		
La colère		
La jalousie		

Vous vous demandez sûrement à quoi cet exercice vous sert ? Souvenez-vous que je vous ai dit que le point d'inversion était l'acceptation. Or, le plus souvent, nous ne supportons pas ces aspects que nous jugeons comme négatifs de nous-même et nous les refusons. Si vous les identifiez, vous pourrez ensuite levez les freins qu'ils génèrent.

★ Nous allons dans cette seconde partie travailler sur l'acceptation de ces émotions.

Les accepter signifie que vous arrêtez de lutter contre. Le petit exercice suivant va vous aider dans ce sens.

- Profitez d'un moment calme où vous êtes sûr de ne pas être dérangé. Asseyez-vous confortablement et fermez les yeux. Commencez à respirer doucement et entrez en contact avec cette émotion qui vous dérange. Voyez-la comme une forme devant vous, un ballon par exemple. Continuez à respirer tranquillement en étant en contact avec cet espace-là. Puis inspirez et, sur une expiration, laissez cette forme se vider comme une trappe qui s'ouvre et dont tout le contenu se vide vers la terre. Vous pouvez recommencer deux ou trois fois en fonction de ce que vous sentez.

Que va-t-il se passer avec cet exercice? Peu à peu, vous allez cesser cette lutte contre vos émotions, contre vous-même, et vous allez voir qu'elles seront moins présentes et que vous arriverez à percevoir les situations sous un angle différent.

Le Vision Board

Dans cet exercice, vous allez activer des ressources positives à l'aide d'images.

Les images sont les supports qui vous aideront à contacter votre ressenti et, par conséquent, à entrer en contact avec votre motivation intérieure et à l'activer et l'entretenir.

Pour ce faire, vous pouvez utiliser divers supports: cartes postales, photos de magazines... Choisissez-les en fonction de ce qu'elles évoquent pour vous et connectez-vous à ce qu'elles suscitent comme notamment une sensation de bien-être.

Un autre support que j'aime utiliser est la confection d'un *vision-board* ou tableau de vision. Celui-ci peut être construit à partir d'images, mais personnellement, je l'utilise avec un montage vidéo.

Comment procéder ? Tout d'abord, notez les domaines sur lesquels vous voulez travailler (professionnel, relationnel, financier, santé, loisirs, projets, créativité...).

- Dans votre ordinateur, créez un dossier pour votre Vision Board, à l'intérieur de celui-ci, créez autant de dossiers que de domaines que vous avez sélectionnés.
- Puis allez sur internet, sur Google Images[1] ou sur des sites de photos, entrez les mots clés des sujets qui vous intéressent.
- Par exemple : voyage, santé, couple, ...
- À partir de là sélectionnez les photos qui vous plaisent et copiez-les dans votre dossier Vision Board. Ne vous censurez pas, prenez autant de photos que vous voulez, ne triez pas, prenez toutes celles qui vous inspirent.

Cette première phase du travail va sûrement vous prendre quelque temps, mais cela est important.

- L'autre phase consistera à classer les photos qui vous inspirent dans les dossiers correspondants et, éventuellement à supprimer celles qui ne vous plaisent pas, voire à aller en chercher d'autres pour affiner votre projet.

1. Attention, les images, musiques, vidéo etc. ont des auteurs qui peuvent en avoir réservé les droits d'utilisation et de diffusion. Ce que vous aurez trouvé sur internet pour un usage privé ne doit pas être vendu et/ou diffusé publiquement de quelque manière que ce soit, y compris sur internet, sans autorisation.

Par exemple, dans le dossier santé, si vous voulez retrouver du dynamisme, vous pouvez aller chercher des photos qui évoquent une personne dynamique. Si l'alimentation est importante pour vous, vous pouvez prendre une ou deux photos qui vous évoquent une alimentation équilibrée... Si en termes de loisirs, vous aimez la peinture, vous pouvez rapatrier des photos qui évoquent cette activité...

- L'étape suivante consistera à monter votre petit film. Rassurez-vous, vous n'avez pas besoin de connaissances spécifiques. Les logiciels de vidéos gratuits avec votre ordinateur suffisent pour faire votre vision board. Pour Windows, vous pouvez utiliser Movie Maker et pour Mac, iMovie.

Lors du montage de votre film, vous pouvez mettre votre titre, intégrer des phrases inspirantes, insérer les photos que vous avez sélectionnées, intégrer également vos propres photos (comme un lieu que vous aimez, des photos de vos enfants...). Pour peaufiner votre vision board, vous pouvez ajouter une musique inspirante de votre bibliothèque sur votre film. Bien évidemment, ce petit montage est à votre usage exclusif, il vous aide à conserver vos objectifs, à développer votre motivation, à affiner vos projets...

En général la durée du film est autour de 3 minutes si vous optez pour un vision board généraliste (c'est-à-dire qui regroupe les différents domaines que vous avez sélectionnés). Vous pouvez également en monter un autre pour développer un domaine spécifique.

Pour chaque domaine vous pouvez mettre une ou plusieurs photos, soyez créatif.

Quel est l'avantage de confectionner ce petit film ? Comme je vous l'ai dit, il va vous aider à trouver en vous la dynamique correspondant à ce que vous souhaitez. En le regardant sur votre ordinateur ou votre iPod ou téléphone..., vous pourrez être en contact avec cette énergie en vous de motivation et ne pas perdre la direction que vous voulez. De plus, il continuera à vous inspirer par la combinaison à la fois des phrases que vous aurez mises, des photos sélectionnées et de la musique que vous aimez.

Vous pourrez le regarder aussi souvent que vous le souhaitez pour maintenir le contact avec votre désir et, surtout, si vous sentez que vous perdez de la motivation.

J'en fais un chaque année et, lorsque je regarde celui de l'année écoulée, je vois ce que j'ai tenu et les directions vers lesquelles j'avais posé mon attention qui se sont concrétisées.

C'est un très bel exercice et très créatif.

Si la vidéo ne vous tente pas, vous pouvez faire la même chose en prenant un grand carton ou une grande feuille de papier sur laquelle vous allez coller les photos que vous aurez découpées dans des magazines et auxquelles vous pouvez ajouter des découpages de vos propres photos.

En ce qui concerne le tableau de vision, je vous partage l'expérience d'une personne qui rêvait de travailler dans une très grande entreprise, très réputée, en tant que coach. Lors de l'établissement annuel de son tableau de vision, elle s'est procurée une affiche de ce centre et a fait un montage sur lequel elle a collé sa photo et son nom. Quelque temps plus tard, elle a rencontré la personne qui lui a donné l'opportunité de travailler dans cet endroit.

Personnellement, j'avais envie depuis très longtemps d'intervenir pour une certaine entreprise. Rien, de mon point de vue, ne m'aurait permis de proposer mes services car je n'avais pas les diplômes qui, normalement, ouvraient les portes de ce lieu. Cependant, j'eus un jour l'occasion d'y aller «en tant que cliente». Lors de mon entretien avec la personne qui me recevait, de manière subite, je lui ai parlé de mon désir et de comment je voyais mon intervention. Elle me suggéra de faire une demande. Je rentrai chez moi relativement perplexe de ce qui me semblait pouvoir émerger comme opportunité et appelai une amie et collègue coach. Malgré ses conseils de plonger, je restai à repousser le passage à l'action, malgré un désir qui était viscéral. Quelques jours plus tard, mon amie me rappela et me demanda si j'avais envoyé ma demande. Devant ma réponse négative, elle me dit: «Il te reste 2 jours avant tes vacances pour le faire.» Je raccrochai et suivis mon désir, me détachant du résultat. J'avais osé le faire et peut m'importait ce qui allait advenir. Deux jours plus tard, je partai en vacances et avais oublié ma demande. Il y avait 10 jours que j'étais en vacances quand, en interrogeant mon répondeur, j'entendis le message du directeur me demandant de le recontacter très vite car il était intéressé par ma candidature et je devais prendre un poste... 4 jours plus tard. Très à l'écoute de mon corps et de mes sensations, je sentis immédiatement un grand flux d'énergie où quelque chose entre intérieur et extérieur s'imbriquait. J'eus alors la certitude que si nous sommes connectés à nos désirs, il y a une énergie différente qui se joue des barrières.

Bien entendu les mécanismes de la réussite et du succès étant toujours à l'étude en moi, je réfléchis à ce qui s'était passé. Mon rêve nourri pendant plusieurs années s'incarnait subitement. J'avais tout à fait conscience qu'un désir profond prenait corps.

Les supports tels que le vision board ne sont pas magiques, ils ne sont qu'une aide pour activer une énergie intérieure que l'on peut laisser en veilleuse. On fait tout simplement appel à des mécanismes physiologiques au niveau du cerveau. Ce support ne fonctionnera pas si vous n'avez pas l'énergie fondamentale axée sur le désir et la passion. De même, le vision board doit vous aider à poser les directions vers lesquelles vous souhaitez aller, mais ne doit pas écrire les détails.

Retrouver la voie de ses rêves

Comme je vous le disais, nos rêves restent souvent à l'état de rêves et nous prenons le chemin du doux rêveur qui n'a pas les pieds dans la réalité. Malheureusement, nous ne faisons pas toujours le lien entre ces rêves avortés et notre mal-être. Je vous propose ci-dessous de faire une petite plongée dans le monde de vos rêves.

Cet exercice se fait en trois temps.

Tout d'abord, prenez des feuilles de papier (pour chaque proposition, utilisez une nouvelle feuille) et notez :

- Les rêves que vous aviez quand vous étiez enfant (être chanteur, musicien, danseuse, instituteur...), les lieux que vous aimiez (la mer, la maison de vos grands-parents), les livres que vous lisiez en notant ce qui était spécifique (le héros qui réussissait...).
- Les rêves que vous aviez quand vous étiez adolescent.
- Les rêves que vous aviez jeune adulte, lorsque vous avez quitté le nid familial.
- Les rêves spécifiques du ou des métiers que vous auriez aimés exercer si tout avait été possible, si vous aviez eu les diplômes requis...
- Les rêves que vous entreten(i)ez en ce qui concerne votre vie amoureuse et familiale.

- Les lieux que vous rêveriez de visiter.
- Vos rêves secrets, irréalisables, inatteignables…

Maintenant, notez sur chaque feuille ce qui vous a empêché d'aller dans ce sens. Cela peut être objectif ou subjectif.

Notez maintenant pour chaque rêve les croyances en relation avec cela. (Par exemple, si vous avez un rêve qui concerne le domaine du couple, cela peut être la croyance « je suis trop âgée pour rencontrer quelqu'un ».)

Nous voici maintenant à la seconde partie de l'exercice

Vous pouvez faire cette partie dans la foulée ou attendre un ou deux jours.

Prenez un temps d'intériorisation en vous centrant sur votre respiration. Ne vous laissez pas envahir par les pensées de ce sur quoi vous êtes en train de travailler, mais revenez tranquillement sur le flux de votre souffle comme une vague qui circule dans tout votre corps. Faites cela environ 5 à 10 mn.

Prenez quelques feuilles blanches à côté de vous. Vous allez maintenant regarder ce que vous avez écrit sur vos feuilles précédemment et noter sur une feuille :

★ Pour la phase des rêves : ce qui est récurrent, ce qui est commun, les liens que vous repérez.

★ Pour les empêchements : ce qui est commun et se répète.

★ Pour les croyances : celles qui sont du même ordre, puis les autres afin d'avoir une liste de toutes les croyances que vous avez inscrites.

Passons à la troisième phase de l'exercice

On a souvent tendance à vouloir tout régler tout seul et on tourne souvent en rond. Même si ce livre vous permet de comprendre des dynamiques et vous propose des exercices pour vous aider à avancer, il est tout à fait possible que vous ayez besoin d'être accompagné par une personne extérieure compétente pour ce genre de travail. Ce n'est jamais perdu, n'hésitez pas à le faire.

Cette phase aborde une manière pour dissoudre les croyances. Ce n'est pas la seule, heureusement. Elle a l'avantage de pouvoir être utilisée facilement. Pour ce faire, je vous propose un exercice en expression créatrice à l'aide du mandala. C'est une approche que j'ai développée (et présentée dans plusieurs de mes livres) et que j'intègre comme outil supplémentaire pour ce genre d'accompagnement.

De manière succincte, le mandala est une forme qui, du fait de sa structure spécifique, permet d'entrer en contact avec des parties profondes de notre être, sans le filtre du mental. J'adapte ici mon approche à cet exercice particulier.

Vous allez utiliser la planche ci-contre, soit en la reproduisant, soit en la photocopiant.

- Dans ce premier diagramme (mandala), vous allez poser toutes vos croyances limitantes, soit en les symbolisant avec des couleurs, soit en les dessinant si vous le souhaitez, ou encore, en écrivant à l'intérieur vos croyances. Remplissez le grand espace d'abord puis, à la fin, coloriez le cercle central.

Une fois que vous aurez fait ce premier mandala avec vos croyances, prenez un temps pour vous recentrer sur votre respiration. À chaque inspiration, posez mentalement l'intention de l'énergie de l'univers qui vient à vous. À chaque expiration, laissez partir tout ce qui ne vous sert plus. Faites cela un petit moment, environ 10 à 15 minutes.

Enfin, prenez cette feuille avec votre mandala et, dans un endroit qui ne craint rien, brûlez-la.

- Vous allez maintenant utiliser un second mandala dans lequel vous allez poser vos rêves, en vous connectant à cette énergie que vous sentez en vous lorsque vous avez noté ce qui était récurrent. Commencez par le centre en vous connectant à cette énergie, puis, ensuite, remplissez la partie la plus large.
- Ne cherchez pas à interpréter ce que vous faites, faites confiance au processus qui est en train de s'accomplir. Ressentez juste comment vous êtes.
- Une fois que vous avez terminé, vous pouvez prendre un nouveau temps d'intériorisation.

Un premier mandala : celui de vos croyances limitantes

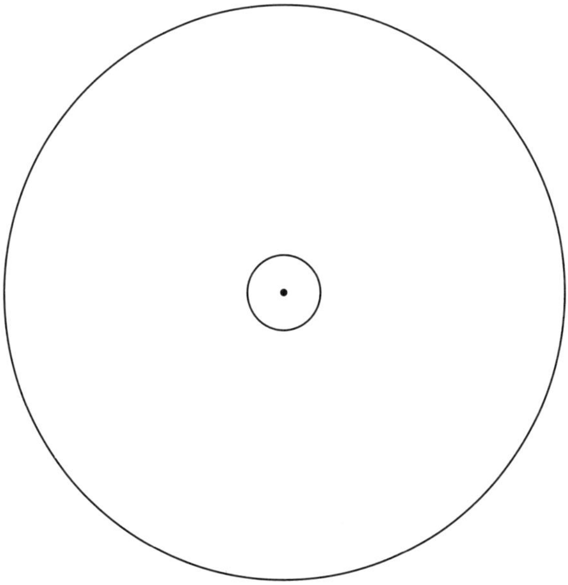

Votre deuxième mandala : celui de vos rêves

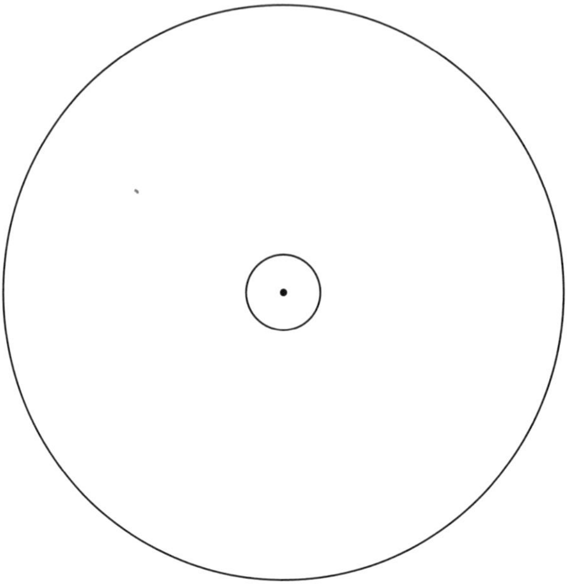

Les moments de magie

Savez-vous que chaque fois que vous regardez du côté de vos freins et, surtout, que vous vous laissez envahir par eux, vous vous abandonnez. Vous vous éloignez de la part la plus grande en vous, de celle qui porte votre dynamique de vie. Même si, en ce moment, c'est justement dans une période de séparation d'avec vous-même que vous vous trouvez, n'oubliez pas que vous avez eu des moments où ça n'a pas été le cas. Je vous propose donc, avec cet exercice, de vous appuyer sur ces moments pour vous associer avec vous-même.

Prenez un moment tranquille, éventuellement en relaxation, et repensez à des moments où vous avez réussi. N'oubliez pas que la réussite n'a pas besoin d'être extraordinaire aux yeux des autres. Cela peut être quelque chose de simple, mais pour lequel vous êtes fier, heureux parce que cela correspondait à un désir… Repensez à tous ces moments où vous avez senti que vous étiez en accord avec vous. Laissez-vous imprégner de cette sensation. Sentez le bien-être que vous éprouvez, l'état de détente intérieur.

Reprenez régulièrement cet exercice. N'hésitez-pas à faire appel à ces souvenirs qui vous permettent d'ancrer des ressources positives en vous, et, surtout, qui vous mettent en contact avec ces moments que j'appelle « les moments de magie » en soi.

Je les appelle ainsi, non pas parce que c'est magique, mais parce qu'ils vous relient à cet espace précieux en vous, de congruence entre votre énergie intérieure de désir et l'extérieur. C'est dans cette énergie que réside la magie.

Vous connecter à cet espace, être dans ces moments de magie, le plus souvent possible fera la différence car vous pourrez vous relier à la source qui coule en vous.

Mon journal de succès

Dans cet exercice, vous allez tenir un journal, celui de vos succès. Je vous rappelle… vous êtes la personne la plus importante de votre vie, je vous invite donc à vous acheter un petit carnet ou un petit cahier, pas n'importe lequel, pas un cahier d'écolier, un carnet avec des couleurs… il y en a des magnifiques dans les magasins spécialisés en matériel d'écriture.

À partir d'aujourd'hui **et pendant 21 jours**, vous allez noter au quotidien, de préférence avant de vous coucher, tous vos succès. Je vous vois d'ici relayer cet exercice aux oubliettes car vous n'avez sûrement pas envie de laisser votre vie quotidienne pour vous consacrer aux podiums. Pas de panique ! Replaçons les succès à votre mesure quotidienne.

Je vous donne ci-dessous quelques exemples de succès :

- Avoir payé votre facture de téléphone en temps et en heure.
- Avoir remis un document en temps et en heure.
- Avoir monté trois étages à pieds.
- Avoir réussi à dire ce que vous pensiez à votre chef, votre amie…
- Vous être couché plus tôt.
- Avoir résisté à la tentation de manger du chocolat (ou des gâteaux).
- Avoir fumé 2 cigarettes en moins.
- Avoir pris le temps d'être allé faire du sport.
- …

J'ai sélectionné quelques exemples que je rencontre auprès des personnes que j'accompagne. Tous ces exemples de choses que nous ne faisons pas dévorent notre énergie. Nous savons pertinemment que c'est important pour notre santé, notre bien-être…

Comment procéder : pour chaque jour notez la date en haut de la page.

Puis faites un tableau avec les colonnes suivantes :

Date : ..../..../....

Mon succès	Pourquoi c'est important pour moi	L'étape à venir	L'action que je vais faire	Mon mot clé (mot ressource)
J'ai monté 3 étages à pied	J'ai fait du sport et c'est bon pour ma santé	Faire plus de sport	Monter les 3 étages 3 fois par semaine	BOUGER
J'ai fumé 2 cigarettes de moins	C'est bon pour mes poumons	Continuer avec ces 2 cigarettes en moins	Apprendre à respirer pour oxygéner mes poumons	RESPIRATION
J'ai payé ma facture de téléphone en temps et en heure	Cela m'évite d'avoir un rappel	Payer les autres factures à temps	Je vais noter dans mon agenda les rappels pour y penser. Je vais le faire en mettant des couleurs.	LIBERTÉ

Cet exercice pratiqué pendant 21 jours va vous permettre deux choses. La première, de vous focaliser du côté de la réussite et de le voir bien en face. La seconde, c'est qu'en le faisant pendant 21 jours, vous inscrivez une nouvelle dynamique au niveau cellulaire. On dit qu'il faut 21 jours pour qu'une nouvelle habitude s'installe, c'est une question de rythme intérieur.

Réconciliation

Avant de sauter cet exercice, prenez le temps de lire le préambule. Tout d'abord, je vous rassure, il ne s'agit pas de pardonner aux autres, mais… à vous-même. Ça ne vous rassurait déjà peut-être pas l'idée de pardonner à l'autre, mais là, ça se gâte. Je le reconnais, c'est un exercice difficile que je vous demande, et peut-être même le plus difficile.

La phrase qui résume cet exercice est ce verset de la Bible, le second commandement, «tu aimeras ton prochain comme toi-même». Je crois que beaucoup d'entre nous y obéissent sans aucune difficulté. Au vu de la violence, de la critique, du regard désapprobateur… que nous portons sur les autres, imaginez un peu l'amour que nous nous portons!

Si nous avions une once de compassion pour nous-mêmes, pour qui nous sommes, notre regard serait sûrement plus compatissant envers les autres.

Vous comprenez maintenant pourquoi cet exercice s'articule autour de vous et il est essentiel pour rétablir le lien entre vous et Vous.

Sur quoi s'appuie-t-il? Pour une bonne part sur tous vos freins. Chaque fois que nous nous sommes éloignés de nous, que nous avons obéi à des croyances limitantes et que l'insatisfaction pointe son nez dans nos vies, nous nourrissons des colères, des peurs… Au premier abord, elles semblent être contre les autres. Lorsque vous y regardez de plus près, vous vous apercevez que vous trainez une bonne dose de culpabilité de ne pas avoir pu répondre telle ou telle chose, de ne pas avoir fait telle chose, de vous être fait avoir, de ne pas avoir été là en temps voulu… Vous vous en voulez d'avoir eu tel ou tel comportement. Bref, de ne pas avoir été parfait (du moins comme vous le pensez). Dans cet exercice, c'est de la colère contre vous, de la honte et de la culpabilité dont vous allez devoir vous défaire.

Ce que vous devez comprendre c'est que si vous avez réagi ainsi, c'est que vous n'avez pas pu faire autrement, que vous avez fait du mieux que vous pouviez au moment où cela se passait. Si aujourd'hui, vous voyez la situation autrement, c'est parce que du temps a passé et que vous pouvez avoir un autre point de vue. En principe ce point de vue différent est une évolution, une ouverture et s'inscrit dans un processus d'évolution de conscience.

Les étapes du pardon envers vous: reconnaître l'émotion ou le sentiment qui est là et l'accepter. Voir la souffrance qui est en vous et l'accepter. Puis, en méditation ou en relaxation (vous pouvez également utiliser la technique spirituelle hawaïenne Ho'Oponopono[1]), remettre cela à l'Univers.

L'étape du pardon vous permet d'être dans le présent, autrement vous êtes dans le passé et c'est avec ce passé que vous abordez l'avenir, donc vous tournez en rond. Si vous êtes dans le présent, vous vous ouvrez à un champ infini de nouvelles possibilités et de transformation.

- L'alignement au présent est un alignement avec Vous.

Méditation pour retrouver calme et harmonie

Cet exercice est le pilier pour vous aligner avec qui vous êtes, pour augmenter votre intuition, pour contacter vos désirs... **Si vous ne deviez en faire qu'un seul, ce serait celui-ci**, chaque jour. Au début 5 minutes pour vous adapter, puis augmentez

1. Voir à ce sujet: Laurence Luyé-Tanet, *Ho'Oponopono, la méthode des guérisseurs hawaïens pour libérer vos mémoires spirituelles*, Dangles, 2013.

progressivement à 10, 15 et 20 minutes si cela vous est possible.

Cet exercice est la base de tous les exercices de méditation. Vous n'avez besoin d'aucune visualisation, juste d'être attentif à votre respiration.

La position: pour ceux qui ont l'habitude, utilisez votre support habituel de méditation. Pour les autres, prenez une chaise et asseyez-vous. Veillez à avoir vos pieds à plat, soit au sol, soit sur une couverture ou un banc si votre taille ne permet pas à vos pieds d'être au sol. Avancez-vous légèrement de manière à ce que votre dos reste droit, sans tension et posez vos mains sur vos cuisses.

Dans la mesure où cela vous est possible, fermez vos yeux. Sinon, laissez vos yeux entrouverts et le regard posé devant vous au sol, sans fixer quoi que ce soit de particulier.

Dans un premier temps, prenez conscience de tout votre corps en commençant par les points d'appui de votre corps avec le sol, avec le support. Puis déplacez votre attention dans vos pieds, vos mollets, vos genoux, vos cuisses, vos fessiers et votre bassin, vos hanches. Remontez dans votre dos, vos épaules, votre nuque. Sentez votre tête, le cuir chevelu, le visage, le cou, les clavicules, les bras jusqu'au bout de vos doigts. Prenez conscience de la poitrine, du plexus solaire, du ventre.

Portez votre attention sur votre respiration. Sentez à quel endroit vous percevez son mouvement: le ventre, la poitrine, l'entrée des narines. Posez votre attention sur le mouvement de votre souffle. Si vous avez des pensées, des émotions, c'est normal. Ramenez doucement votre attention sur votre souffle, aussi souvent que nécessaire, avec patience et bienveillance.

À la fin de ce moment de méditation, prenez le temps de retrouver le contact avec l'extérieur, en écoutant les bruits, puis bougez doucement votre corps, étirez-vous et ouvrez vos yeux.

Pendant ce moment de méditation, vous allez avoir des pensées, c'est absolument normal. Ces pensées ont toujours été là, mais perdues dans l'activité de nos journées, nous ne les voyons pas. Dans ce temps de méditation, vous tournez l'attention à l'intérieur et c'est normal de voir ce qui se passe. Petit à petit, les pensées vont s'apaiser. Vous n'avez aucun effort de concentration à faire pour cela. Suivez juste votre souffle.

Vous pourrez trouver sur mon site (www.laurenceluye-tanet.com) des ressources gratuites audio (podcasts) et vidéo sur la respiration et les bases de la méditation.

La perle dans l'huître

Comme vous l'avez compris, bien vous connaître est le point de départ pour aller vers ce que vous voulez. Imaginez que vous souhaitiez entreprendre un marathon, mais que vous ayez un problème à un genou. Si vous n'en tenez pas compte pour pouvoir vous organiser, la course risque d'être perdue d'avance. Savoir où se trouve votre difficulté vous permet de ne pas la laisser devenir un frein qui va vous empêcher d'avancer comme c'est souvent le cas, d'autant plus que nous la repoussons.

Vous allez donc prendre une feuille et lister ce qui vous gêne de votre personnalité. Cela peut être ce que vous constatez ou bien ce qu'on a pu vous dire.

Par exemple, on a pu vous dire, lorsque vous étiez adolescent, que vous aviez mauvais caractère et cela vous suit. Vous pouvez entendre des réflexions du genre «toi, avec ton caractère!» et vous en concluez que vous avez mauvais caractère, que vous n'êtes pas sociable... Souvent, ce que les autres appellent mauvais caractère, c'est le fait que vous vous positionniez, que vous affirmiez un avis différent. En revanche, surtout à l'adolescence, nous n'avons pas forcément l'élégance pour le dire et nous sommes un peu brutal. Devenu adulte, par manque de confiance en soi, on peut également manquer d'élégance pour le dire, d'autre fois, c'est tout simplement les autres qui ne supportent pas une opinion différente.

Si c'est par exemple votre cas, notez dans la première colonne : mauvais caractère et dans celle de droite : capacité à m'affirmer.

Il y a toujours au moins deux manières de voir une situation, sur son versant dérangeant et sur son versant constructif. Autre exemple, dès qu'on vous raconte quelque chose de triste, vous avez envie de pleurer. Vous concluez très vite quelque chose du genre « je suis faible parce que j'ai des émotions ». Dans votre colonne de gauche, vous allez mettre : sensibilité et à droite vous allez mettre : compréhension, compassion.

Exercice sur les pensées : la pensée « contraire »

Si vous faites un peu de méditation, vous vous apercevez combien les pensées sont nombreuses et combien on ne les contrôle pas. Elles constituent un flot qui en entraîne un autre. Ce qui est certain c'est que lorsque ce sont des pensées agréables, comme par exemple un projet enthousiasmant et qui vous tient à cœur, tout va bien et vous vous sentez bien. En revanche, lorsqu'un grain de sable s'infiltre dans les rouages, les pensées négatives s'enchaînent les unes après les autres. Non seulement ce sont vos pensées, mais aussi vos émotions et la manière de voir les événements qui en sont affectés.

Dans cet exercice, je vous invite à travailler sur le champ de vos pensées en appliquant *la pensée contraire*. C'est une manière de faire que j'avais apprise pendant ma formation de professeur de yoga.

- La base de l'exercice est la suivante: tout d'abord prendre conscience de ses pensées, sans se juger.
- Ensuite lorsque vous avez une pensée restrictive concernant quelque chose comme par exemple «je n'y arriverai jamais», appliquez la pensée contraire qui est «je suis capable de».
- Ce n'est pas magique car il y a une autre étape avec cet exercice qui est de ressentir intérieurement ce qui se passe.
- Lorsque vous êtes avec la pensée «je n'y arriverai jamais», observez en vous ce que vous sentez. Vous passez au niveau de la sensation.
- Lorsque vous instaurez la pensée «je suis capable de», sentez ce qui se passe, ce qui a changé en vous. C'est cette sensation qui est importante.

Peut-être également, si vous êtes vraiment attentif, allez-vous vous apercevoir que vous envisagez les choses différemment, comme si vous envisagiez des solutions, comme si une nouvelle énergie arrivait vers vous. Certaines personnes vont le sentir plus rapidement que d'autres. Ne vous découragez-pas, continuez cet exercice.

Cet exercice se pratique dans votre quotidien en étant présent à ce qui se passe en vous. Dans cet état de présence, vous remarquerez qu'il y a quelques pensées types qui reviennent et souvent en rapport avec les mêmes sujets. Identifiez cela. Une fois que c'est identifié, vous êtes en terrain connu, le périmètre est cerné et vous pouvez travailler efficacement.

Travailler efficacement ne signifie pas que le changement soit immédiat, mais vous pouvez être beaucoup plus spécifique.

Chaque fois que vous faites quelque chose et que vous pensez à ce domaine, que vous remarquez que ce type de pensée arrive, c'est là que vous allez décider d'appliquer la pensée contraire.

Au départ, vous verrez que, en effet, ce type de pensée va s'arrêter… pour revenir quasi immédiatement. Ne concluez pas que cela ne fonctionne pas. Continuez. Vous verrez ensuite que vous voyez ces pensées beaucoup plus vite et qu'intérieurement vous dites stop à ce type de pensée. Enfin, peu à peu vous sentirez mieux l'énergie de la pensée contraire en termes d'émotions. Vous pouvez arriver à annuler ce type de pensées limitantes dans la situation dans laquelle elles se présentent car vous vous serez connecté sur une autre polarité.

Il n'est pas rare que cet exercice, bien fait, vous amène à avoir des prises de conscience car, si vous entretenez ce genre de pensées, c'est qu'elles sont forcément rattachées à autre chose.

Je précise que cet exercice n'est pas de la pensée positive. Il fonctionne différemment.

Activez ce qui vous inspire

Nous tombons facilement dans le piège de regarder ce qui ne va pas, ce que nous ne réussissons pas. En revanche, nous passons tellement à côté de ce qui nous inspire car nous y jetons à peine un coup d'œil. Dans cet exercice, je vous invite à vous arrêter sur ce qui vous inspire, à vous en nourrir.

Ce qui vous inspire, c'est tout ce qui est beau, tout ce qui provoque en vous admiration, reconnaissance, motivation, joie…

Commençons par le commencement. Ne cherchez pas forcément des grandes choses. Il y a sûrement des lieux que vous aimez, où vous allez ou êtes allé et qui vous inspirent. Ils vous inspirent parce qu'ils génèrent du calme, parce qu'ils évoquent des souvenirs heureux. Prenez le temps de lister tout cela, même si ce sont des petits détails.

Prendre le temps de se relier à ces ressources intérieures nourrit votre énergie créative.

Passons maintenant à d'autres domaines.

Au niveau professionnel, quelles sont les personnes qui vous inspirent ? Faites la liste. Il se peut que ce soit dans votre milieu professionnel, familial, mais également en dehors. Cela peut être aussi des acteurs, des sportifs...

Quelles sont les actions que vous trouvez inspirantes ? Faites-en la liste

Quels sont les endroits qui vous inspirent, où vous vous ressourcez ? Avez-vous l'occasion d'y aller ? Si non, peut-être pouvez-vous vous procurer une photo et la mettre dans votre bureau, votre coin personnel... un endroit où vous pouvez la regarder très régulièrement. Peut-être pouvez-vous l'ajouter à votre tableau de vision.

Personnellement, j'avais toujours rêvé d'aller dans le Sahara. J'avais des livres et des cartes postales qui entouraient mon bureau. Jusqu'au jour où j'ai réalisé ce rêve. Outre ce que ces nombreux séjours m'ont apporté au niveau personnel et spirituel, ils m'ont permis d'écrire un livre sur mon expérience dans le désert et de retrouver quasiment au quotidien, la mémoire intérieure du calme, du silence, de la profondeur. C'est un lieu où j'ai beaucoup écrit et je me relie à cet espace intérieur souvent lorsque j'écris.

Au niveau humain, quelles sont les valeurs qui vous inspirent ? Quelles personnes ou œuvres associez-vous à cela ? Pour commencer à aller dans ce sens pour vous, un des moyens peut-être d'adhérer à une association qui véhicule ces valeurs (par exemple aider les enfants de pays défavorisés pour poursuivre leurs études, aider des femmes de certains pays à créer leur coopérative...). Ne pensez pas que ça soit peu, c'est un pas sur le chemin.

Enfin, une fois que vous aurez établi ces listes, prenez le temps de ressentir ce qui se passe en vous quand vous êtes connecté avec cela. Prenez le temps de respirer dans ces sensations et de les laisser circuler dans tout votre corps comme la sève dans un arbre.

Les limitations personnelles

Avez-vous conscience que vos limitations créent votre réalité ? Votre réalité, c'est là où vous évoluez, la manière dont vous fonctionnez. Elle est constituée des jugements que vous avez sur vous et sur les autres, de la manière dont vous appréhendez le monde, de vos croyances... Changez vos croyances, vous verrez le monde différemment et votre réalité changera.

Quelles sont les limitations que vous avez ?

1. Dans la liste suivante, regardez quelles sont les affirmations où vous vous reconnaissez.

- Vous pensez que, pour évoluer et avancer dans votre vie, vous avez besoin de comprendre, de trouver une cause.
- Vous croyez que vous n'avez pas d'intuition ou que vous ne savez pas y accéder.
- Vous croyez qu'il faut travailler dur.
- Vous pensez qu'à votre âge vous ne pouvez plus ....

- Vous croyez que les autres ne changeront jamais.
- Vous pensez qu'on vit une drôle d'époque.
- Vous pensez que vous ne pourrez jamais sortir de…
- Vous partagez le point de vue qu'on ne se refait pas.

2. Poursuivez la liste avec les idées qui vous viennent. Et pour la compléter, ajoutez également tout ce que vous trouvez juste et pas juste, tout ce que vous pensez qui est correct et ne l'est pas, tout ce qui devrait être et ne le devrait pas… pour tous les domaines de la vie.

3. Une fois que vous avez noté tout cela, prenez un temps d'intériorisation et prenez conscience que tout cela représente des jugements qui sont subjectifs. Vous en avez établi certains, d'autres sont des héritages qui, eux-mêmes, sont souvent d'autres héritages.

4. Asseyez-vous, centrez-vous sur votre respiration et, tranquillement, lorsque vous sentirez qu'un certain calme intérieur s'est développé, laissez partir à l'expiration tout ce dont vous n'avez plus besoin comme limitations. Soyez juste dans l'intention, ne mettez pas le mental et la volonté. Ce qui est prêt à partir s'en ira.

L'argent et moi

Cet exercice va vous permettre d'identifier vos limitations financières.

Comme nous l'avons évoqué plus haut, l'argent est une énergie reliée à notre dynamique intérieure. Elle est reliée à la dynamique du manque et de l'abondance.

Dans cet exercice, je vous invite à repérer quelques points sur votre relation à l'argent.

- Comment estimez-vous votre relation avec l'argent ? Fluide ou conflictuelle ?
- Préférez-vous payer avec des espèces, un chèque ou une carte bancaire. Pour quelles raisons ?
- Pensez-vous que si vous payez des impôts, c'est que vous avez de l'argent ?
- Faites-vous vos comptes régulièrement ?
- Savez-vous exactement combien vous avez besoin d'argent et quels sont les postes de dépense ?
- Dans votre budget, prévoyez-vous vos loisirs, plaisirs... ?
- Êtes-vous souvent à découvert ?
- Si vous êtes en couple, comment est réparti votre budget ?
- Lorsque vous devez acheter quelque chose, l'envisagez-vous comme une dépense ou comme un investissement ?

Je vous invite maintenant regarder les croyances que vous avez sur l'argent.

À partir de la liste précédente, que pouvez-vous repérer comme croyance ou comme manière de fonctionner ?

Quelles sont les types de croyances que vous entretenez ?

- Les commerçants sont des voleurs.
- Ceux qui ont de l'argent l'ont acquis malhonnêtement.
- C'est une honte de gagner autant d'argent.
- Je n'ai jamais eu de chance au sujet de l'argent.

- L'argent et moi on est fâché.
- L'argent ne m'intéresse pas.
- Je ne suis pas un homme (ou une femme) d'affaires.
- Je n'ai pas l'esprit entrepreneur.
- J'aimerais entreprendre un business, mais je ne sais pas comment faire.
- J'ai peur de ne pas avoir assez de clients.
- Je n'ai pas envie de devenir radin.
- Les gens riches sont radins.
- Dans ma famille on a toujours été pauvre.
- Je n'appartiens pas au monde des gens riches, je suis trop différent.
- À quoi ça sert d'avoir de l'argent si c'est pour tout redonner à l'État.
- Je n'ai jamais réussi à économiser car il y a toujours un imprévu.
- Je ne peux pas gagner plus que ... (écrivez la somme) parce que...
- Quand on devient riche on perd son âme.

Pourquoi mettre à jour vos croyances ? Parce qu'elles révèlent vos valeurs, votre vision du monde et surtout elles mettent en avant vos freins. Toute une part de vous, inconsciente bien sûr, s'arrange à obéir à ces croyances.

Par exemple si vous souhaitez réussir en affaires mais que, dans votre famille il y a une croyance que les commerçants sont des voleurs, que ceux qui ont de l'argent l'ont acquis malhonnêtement..., vous aurez des difficultés à réussir car cette croyance sera un frein. Il vous faudra l'identifier et vous en libérer pour aller dans le sens que vous souhaitez.

Je me souviens d'une amie qui se plaignait tout le temps de ne pas avoir assez d'argent. Un jour devant une vitrine, elle me dit : « tu te rends compte tout le fric qu'ils doivent se faire en vendant à ce prix ». Je lui fis remarquer qu'elle ne pourrait jamais avoir suffisamment d'argent si elle critiquait sans cesse les personnes qui en avaient. Elle réalisa tout à coup qu'elle se mettait elle-même des freins.

Comment rêvez-vous ?

Cet exercice va vous aider à renouer avec votre créactivité.

La question est de savoir comment est-ce que vous rêvez votre vie ? Est-ce que vous rêvez grand ou petit ?

La créativité est directement en relation avec vos rêves. Votre créativité est le moteur de votre vie. On l'associe souvent à un aspect artistique, mais elle est intimement reliée aux rêves et désirs et à leur activation et manifestation.

Reprenez les rêves que vous avez et écrivez-les. Qu'est-ce qui vous empêche de les réaliser ? Notez toutes les réponses. Qu'est-ce qui vous empêche de marcher vers vos rêves ?

Et si vous les réalisiez, qu'est-ce qui changerait dans votre vie ? Que gagneriez-vous ? Que perdriez-vous ?

Notez tout cela de manière à pouvoir transformer vos freins.

Table des exercices

Sommaire

Autres ouvrages de Laurence Luyé-Tanet

B.a.-ba de l'oracle Belline, Pardès, 2003.

Mandala fil de vie vers son expression créatrice, Dangles, 2007.

Affaires de femmes, mais pas seulement, Regain de lecture, 2007 (prix du Printemps de Tours – Salon du livre au féminin 2011 – Nouvelles).

Comprendre ses rêves, coll. « Les p'tits lus », Eyrolles, 2009.

Méditation, art de vivre au quotidien, coll. « Du côté de ma vie », Eyrolles, 2010 (livre + CD).

Mandala au fil des saisons, Dangles, 2011.

Ho'Oponopono, la méthode des guérisseurs hawaïens pour libérer vos mémoires spirituelles, Dangles, 2013.

Ma leçon de yoga. Retrouvez harmonie et énergie en cours, chez vous ou au bureau !, Eyrolles, 2013.

Se ressourcer avec le Mandala, « Les cahiers harmonie », Solar, 2013.

Collaboration in *Psychopathologie de l'expression et art-thérapie* pour le dossier « Approche en expression créatrice : mandalas et écriture », UFR de psychologie de Toulouse-Le-Mirail, L'harmattan, 2014.

Apaisez votre esprit par la méditation, Dangles, 2015.

Abc de l'EFT, libérez-vous de votre stress, Grancher, 2017.

Notes personnelles

Notes personnelles

Notes personnelles

Notes personnelles

Notes personnelles

Notes personnelles

Notes personnelles

pca
cmb
édition pré-presse
livres numériques

44400 Rezé

76199 (I) OSB 80° PCA-API
Imprimerie Chirat – 42540 Saint-Just-La-Pendue
N° 201701.0308

Dépôt légal : mars 2017

Imprimé en France